Cold War

Der Kalte Krieg

AF192346

Hauke Christen

Cold War

-

Der Kalte Krieg

Ausgewählte Aufsätze

Bibliografische Information der Deutschen Nationalbibliothek: Die Deutsche Nationalbibliothek verzeichnet diese Publikation in der Deutschen Nationalbibliografie; detaillierte bibliografische Daten sind im Internet über dnb.dnb.de abrufbar.

© 2023 Hauke Christen; © Coverdesign: goldwert communications gmbh, Düsseldorf

Herstellung und Verlag: BoD – Books on Demand, Norderstedt

ISBN: 978-3-7583-03074

Inhaltsverzeichnis

1. Vorwort

Der Konfrontationskurs auf dem sich die Vereinigten Staaten von Amerika und die Volksrepublik China seit einer Reihe von Jahren befinden, wird von manchen Experten als Neuer Kalter Krieg bezeichnet. Die Errichtung von Handelshindernissen und die Erhebung zusätzlicher Importzölle sind offensichtliche Anzeichen einer sich verschärfenden Tonlage. Droht Deutschland als europäische Mittelmacht hier etwa zwischen die Fronten zu geraten? Sollte die hiesige Politik sich noch klarer positionieren oder liegen die besten Erfolgsaussichten gerade darin, ein gutes Einvernehmen zu beiden Wettbewerbern um den Status der führenden globalen Supermacht des 21. Jahrhunderts zu pflegen?

Niemand wird einfache Antworten auf die hier gestellten Fragen geben können. Auch die zukünftige Entwicklung ist nicht seriös prognostizierbar. Als Leitfaden zur Orientierung wie mit zwei konkurrierenden Supermächten im Sinne eines gedeihlichen Miteinander umzugehen ist, können jedoch die Erfahrungen herangezogen werden, die während des vor drei Jahrzehnten zu Ende gegangenen Kalten Krieges gemacht worden sind. Das seinerzeit in Ost und West geteilte Deutschland war neben den beiden Koreas einer der globalen Frontstaaten schlechthin und im Ergebnis durchaus imstande gewesen, seine berechtigten Interessen zielführend zu vertreten.

Verzagtheit war indessen noch nie ein guter Ratgeber, wird es auch zukünftig nicht sein. Die hier vorgelegte Sammlung von Aufsätzen möchte daher näherbringen und verdeutlichen, worum es im Kalten Krieg ging. Was waren die Herausforderungen und wie hat man sie bewältigt?

Auch die umgangssprachlich mit dem Gleichgewicht des Schreckens identifizierte MAD-Doktrin, in der eine Nuklearmacht vom Ersteinsatz von Nuklearwaffen dadurch abgehalten wird, dass der angegriffene Staat über die Fähigkeit zum vernichtenden Zurückschlagen verfügt, ist mit der Auflösung der Sowjetunion 1991 nicht in der Mottenkiste der Geschichte verschwunden. Sie genießt zwar derzeit keinerlei militärstrategische Priorität mehr, sie könnte aber unter veränderten Vorzeichen bei weiterer Eskalation wieder aktiviert werden.

Die Diskussion atomarer Kapazitäten und von Erst- und Zweitschlagsfähigkeiten führt indes dorthin zurück, wo alles anfing, an den Beginn des Kalten Krieges.

2. Beginn des Kalten Krieges

Als die Kriegsgegner nicht mehr da waren, gelangte eine ungewöhnliche Allianz, die sich angesichts der vorhandenen Bedrohung notgedrungen zusammengefunden hatte, rasch an ihr Ende. Ihre Existenz war ohnehin allein den gemeinsamen Feinden geschuldet: Nachdem Italien 1943 die Achse verlassen hatte, waren die bedingungslose Kapitulation des nationalsozialistischen Deutschlands und des japanischen Kaiserreichs das verabredete Ziel.

Die USA hatten ihre eindrucksvolle und allen anderen überlegene ökonomische Leistungsfähigkeit durch Hilfslieferungen von Waffen, Ausrüstung und Nahrungsmitteln im Rahmen des Land-Lease Act an die mit ihnen verbündeten Großmächte Großbritannien samt seinem Empire und die Sowjetunion hinreichend unter Beweis gestellt. Der technologische Vorsprung schien durch die Abwürfe der Atombomben Little Boy und Fat Man und die von ihnen ausgelöste apokalyptische Zerstörung der japanischen Städte Hiroshima und Nagasaki am 6. und 9. August 1945 auf lange Zeit unangefochten gesichert. Doch noch bevor der ehemalige Priesterseminarist und seinerzeitige Diktator Stalin seinen siebzigsten Geburtstag feierlich begehen konnte - der 21. Dezember 1949 war als Planungsziel ausgegeben worden - wurde die erste sowjetische Atombombe namens Tatjana am 29. August 1949 gezündet.

Atomares Wettrüsten und Gleichgewicht des Schreckens waren seitdem Themen, die für mehr als vier Jahrzehnte die Menschheit fast pausenlos in Atem hielten. Welche Vorstellungen und Ideen aber waren für die Anfangszeit dieses global ausgetragenen Konflikts maßgeblich, der überraschenderweise von dem US-Historiker John Lewis Gaddis in den späten 1980er Jahren als langer Frieden bezeichnet worden ist? Was waren die in eine bipolare Weltordnung zweier so verschiedener Systeme, beide von der unbedingten Richtigkeit des jeweils favorisierten eigenen Gesellschaftsmodells überzeugt, einmündenden Grundgedanken?

Wo Zweifel und Misstrauen gedeihen

Trotz empfangener Hilfslieferungen blickte Stalin schon während des in seiner Heimat noch heute so bezeichneten Großen Vaterländischen Krieges stets mit Misstrauen auf die kapitalistischen Bündnispartner im Westen. Schließlich hatte er seit 1941 immer wieder und nicht erst seit der Konferenz von Teheran im November/Dezember 1943 die Errichtung einer zweiten Front in Kontinentaleuropa zur Entlastung der Roten Armee gefordert. Die im Juli 1943 mit der Operation Husky in Sizilien eingeleitete Rückeroberung Italiens war sicherlich sehr willkommen, erschien Moskau aber nicht hinreichend zu sein. Letztlich musste man sich bis zum D-Day in der Normandie am 6. Juni 1944 gedulden.

Ein Blick auf das Verhältnis der Opferzahlen - hinter jeder einzelnen verbirgt sich ein bedauernswertes menschliches Schicksal - gibt einen ernstzunehmenden Hinweis auf die Einstellung der Sowjets nach Kriegsende. Während Großbritannien und die USA jeweils mehr als 300.000 militärische und zivile Opfer zu beklagen hatten, waren es in der UdSSR bis zu neunzigmal mehr. Daraus resultierte die Vorstellung, dieser schier unvorstellbare Blutzoll müsse irgendwie kompensiert werden, und zwar durch Forderungen nach Reparationen, territorialen Verschiebungen nach Westen zugunsten der Sowjetunion und der Erweiterung der eigenen Einflusssphäre in Osteuropa, einer Region der zugleich die Funktion eines Sicherheitsgürtels zukommen sollte.

Hier vor Ort sah der britische Premier Churchill in seiner berühmt gewordenen Metapher einen *„eisernen Vorhang"* niedergehen, wie er in einem Telegramm an den gerade erst einen Monat im Amt befindlichen US-Präsidenten Harry S. Truman am 12. Mai 1945 mitteilte. Was hinter dem eisernen Vorhang vor sich gehe, wisse man nicht und es sei kaum zu bezweifeln, dass der gesamte Raum östlich der Linie Lübeck-Triest-Korfu bald völlig in sowjetischer Hand sein werde. Die Befürchtungen des alten konservativen Haudegens sollten sich bewahrheiten, wenn auch er selbst Downing Street zwei Monate später verlassen musste, um seinem Amtsnachfolger Clement Attlee von der Labour Party Platz zu machen.

Internationale Konflikte wie der ab Juni 1950 ausgetragene Koreakrieg oder auch die ab Juni 1948 in die Wege geleitete Blockade von Berlin lagen da noch in der

Zukunft, doch schon in den Jahren zuvor waren die globalen außenpolitischen Spannungen mit Händen zu greifen. Ihren sichtbarsten Ausdruck haben sie im seit März 1946 ausgefochtenen griechischen Bürgerkrieg, bei weitem keine nur innere Angelegenheit, und der seit Dezember 1945 ihrem Siedepunkt entgegenstrebenden Irankrise gefunden. Wie so oft im Nahen und Mittleren Osten ging es auch in diesem Fall um die im Erdinneren schlummernden Vorräte an Erdöl und die Sicherung entsprechender Zugriffsrechte.

George F. Kennans „langes Telegramm"

In dieser Situation erreichte den 1904 in Milwaukee, Wisconsin, geborenen Diplomaten George Frost Kennan, Mitarbeiter in der zivilen Abteilung der US-Botschaft in Moskau, eine Anfrage seines heimischen Finanzministeriums. Dort wollte man in Erfahrung bringen, warum die Sowjets offensichtlich nicht dazu bereit seien, der Weltbank und dem Internationalen Währungsfonds angehören zu wollen. Die Antwort des versierten Osteuropaexperten, der auch einige Zeit in Deutschland verbracht hatte und hier mit dem literarischen Werk Goethes und der Geschichtsphilosophie Oswald Spenglers Vertrautheit erlangte, ist das „lange Telegramm vom 22. Februar 1946, eine rund 5500 Worte umfassende Ausarbeitung. Gegliedert in fünf Abschnitte geht es darin inhaltlich zunächst um die Grundzüge sowjetischen Verhaltens seit Kriegsende und deren Voraussetzungen bzw. Hintergründe. Der dritte und vierte Abschnitt beschäftigt sich mit der Umwandlung dieses Verhaltens in offizielle und inoffizielle Politik, bevor abschließend die Bedeutung all der Dinge für die amerikanische Politik erörtert wird. Um der damaligen Atmosphäre möglichst unverfälscht und authentisch nahe zu kommen, gebe ich *„Part 5 (Practical deductions from Standpoint of US Policy)"* nachfolgend auszugsweise in der Originalsprache wider.

„In summary, we have here a political force committed fanatically to the belief, that with US can be no permanent modus vivendi, that it is desirable and necessary, that the internal harmony of our society be disrupted, our traditional way of life be destroyed, the international authority of our state be broken, if Soviet power is to be secure. This political force has complete power of disposition over energies of one of world's greatest peoples and resources of world's richest national territory, and is borne along by deep and powerful currents of Russian nationalism. In addition, it has an elaborate and far-flung apparatus for exertion of its influence in other countries, an apparatus of amazing flexibility and versatility, managed by people whose experience and skill in underground methods are presumably without parallel in history. Finally, it is seemingly inaccessible to considerations of reality in its basic reactions. For it, the vast fund of objective fact about human society is not, as with us, the measure against which outlook is constantly being tested and re-formed, but a grab bag from which individual items are selected arbitrarily and tendenciously to bolster an outlook already preconceived. This is admittedly not a pleasant picture. Problem of how to cope

with this force is undoubtedly greatest task our diplomacy has ever faced and probably greatest it will ever have to face. It should be point of departure from which our political general staff work at present juncture should proceed. It should be approached with same thoroughness and care as solution of major strategic problem in war and, if necessary, with no smaller outlay in planning effort. I cannot attempt to suggest all answers here. But I would like to record my conviction that problem is within our power to solve - and that without recourse to any military conflict. And in support of this conviction there are certain observations for a more encouraging nature I should like to make. (...)"

Wenig später wurde George Kennan zum Chef des im Washingtoner Außenministerium angesiedelten Planungsstabes ernannt. In dieser angesehenen Funktion ist er unter anderem mit dem auch als Marshallplan bekannten Plan zum Wiederaufbau Europas beschäftigt gewesen. Darüber hinaus wurde er als Autor eines eminent wichtigen Artikels in der Juliausgabe 1947 der Zeitschrift Foreign Affairs identifiziert, der unter dem Pseudonym „X" veröffentlicht worden ist. *„The Sources of Soviet Conduct"* oder kurz „X-Artikel" genannt, gilt als ideologischer Meilenstein des Kalten Krieges, der wesentliche Aspekte der sich entwickelnden US-Strategie des *„Containment"* (Eindämmung) zusammenfasst und einem breiteren Publikum aufgezeigt hat. Wiederum im Original ist hier zu lesen: *„This would of itself warrant the United States entering with reasonable confidence upon a policy of firm containment, designed to confront the*

Russians with unalterable counter-force at every point where they show signs of encroaching upon the interests of a peaceful and stable world."

Truman-Doktrin

Ohne Übertreibung kann man davon sprechen, dass die Geburtsstunde der Containment-Politik und damit die Abkehr von isolationistischen Bestrebungen auf der Basis der Vorstellungen George Kennans stattgefunden hat. Am 12. März 1947 hat Präsident Truman persönlich in einer Rede vor beiden Häusern des Kongresses von einer Zweiteilung der Welt in eine freie und eine totalitäre Sphäre gesprochen und die Eindämmungsstrategie damit zum ersten Mal offiziell vorgestellt. Er wolle den freien Völkern beistehen und jedwede Art kommunistischer Expansion verhindern. Auszugsweise heißt es:

„In der aktuellen weltgeschichtlichen Situation ist es die Aufgabe beinahe jeder Nation, zwischen unterschied-lichen Lebensformen wählen zu müssen. Diese Auswahl ist häufig nicht frei. Die eine der beiden Lebensformen basiert auf dem Willen der Majorität und ist charakterisiert durch freie Institutionen, eine repräsentative Regierungsform, freie Wahlen, Garantien für die persönliche Freiheit, Rede- und Glaubensfreiheit und Freiheit vor politischer Verfolgung. Die andere Lebensform basiert auf dem Willen einer Minorität, den diese der Mehrheit zu oktroyieren versucht. Sie stützt sich dabei auf die Mittel von Terror und Unterdrückung, auf die Zensur von Presse und Rundfunk, auf manipulierte Wahlen und auf den

Entzug der persönlichen Freiheiten. Ich bin der Meinung, es hat die Politik der Vereinigten Staaten zu sein, freien Völkern beizustehen, die sich der angestrebten Unterwerfung durch bewaffnete Minderheiten oder durch Druck von außen widersetzen. Ich glaube, es ist unsere Pflicht allen freien Völkern zu helfen, damit sie ihr Dasein auf ihre Weise selbst bestimmen können. Unter einem solchen Beistand verstehe ich vor allem wirtschaftliche und finanzielle Hilfe, die die Grundlage für ökonomische Stabilität und solide politische Verhältnisse bildet. Die Welt ist nicht statisch, und der Status quo ist nicht sakrosankt. Aber wir können keine Veränderungen des Status quo dulden, die durch Zwangsmethoden oder mit Heimlichtuereien wie die der politischen Infiltration unter Verletzung der Charta der Vereinten Nationen durchgeführt werden. Wenn sie freie und unabhängige Nationen dabei unterstützen, ihre Freiheit zu sichern, realisieren die Vereinigten Staaten die Prinzipien der Vereinten Nationen. Die freien Völker der Welt rechnen auf unsere Hilfe in ihrem jeweiligen eigenen Kampf um die Freiheit. Wenn wir in unserer Führungsrolle wanken und zögern, gefährden wir den Frieden der Welt - und wir beschädigen sehr wahrscheinlich die Wohlfahrt unserer eigenen Nation. "

Gemeinsam mit der von dem republikanischen Außenpolitikexperten John Foster Dulles 1947 entwickelten und mehr offensiv ausgerichteten Konzeption der „Liberation Policy" waren die theoretischen Grundpfeiler in der Auseinandersetzung westlicher Demokratien mit dem Kommunismus errichtet. Sie sind naturgemäß von den Führungspersönlichkeiten im Kreml aufmerksam zur Kenntnis genommen worden und sollten im Kern bis zum Ende des Kalten Krieges Bestand haben.

Andrei Schdanows Zwei-Lager-Theorie

Ein halbes Jahr nach Trumans Rede legte das Mitglied des Politbüros der Kommunistischen Partei der Sowjetunion (KPdSU) Andrei Alexandrowitsch Schdanow, ein enger Vertrauter Stalins, nach, um Moskaus Standpunkt zu verdeutlichen. Auf der Gründungsversammlung der Kominform, dem Kommunistischen Informationsbüro, das als Nachfolgeorganisation der 1943 aufgelösten Komintern ins Leben gerufen worden ist, hat Schdanow am 30. September 1947 seine Rede zur Zwei-Lager-Theorie gehalten. Darin wurden die USA und ihre Verbündeten als Imperialisten und Kriegstreiber gebrandmarkt und der ökonomische und humanitäre Hilfe nach Europa bringende Marshallplan als Ausdruck imperialistischer Expansion und Versklavung Europas gewertet. Darüber hinaus wurde von Schdanow festgestellt und anerkannt, dass die Welt in ein imperialistisches, antidemokratisches Lager und ein antiimperialistisches, demokratisches Lager zweigeteilt sei.

Wer wo zu verorten war, an der Beantwortung dieser Frage schieden sich für die kommenden vier Jahrzehnte die Geister!

3. Über die Staatssicherheit der DDR

Ungerührt oder indifferent haben sich ihr gegenüber wohl nur die wenigsten verhalten. Der als Stasi bekannten Staatssicherheit der Deutschen Demokratischen Republik ist man in den allermeisten Fällen entweder mit entschiedener Ablehnung oder mit Wohlwollen begegnet. Wer dort Familienangehörige, Verwandte oder Freunde als hauptamtlich Beschäftigte untergebracht wusste, wird naturgemäß eine andere Einstellung an den Tag gelegt haben als diejenigen, die als Verdächtige in die Fänge des allgegenwärtigen Überwachungsapparates geraten sind.

Dabei haben Staaten in Vergangenheit und Gegenwart die Frage, ob sie überhaupt eine Geheimpolizei benötigen unterschiedlich beantwortet. In der Bundesrepublik Deutschland von heute wird peinlich genau darauf geachtet, dass nachrichtendienstliche und polizeiliche Aufgabenbereiche strikt voneinander getrennt sind. Die Auslandsaufklärung ist dabei dem Bundesnachrichtendienst (BND) zugeordnet, während die Spionageabwehr im Inneren Sache des Verfassungsschutzes ist. Polizeiarbeit ist ganz im Zeichen des Föderalismus Angelegenheit der einzelnen Bundesländer, sofern nicht die Zuständigkeiten des in Wiesbaden ansässigen Bundeskriminalamtes (BKA) oder der aus dem Bundesgrenzschutz (BGS) hervorgegangenen Bundespolizei berührt werden. Das in derartigen Sachverhalten juristisch maßgebliche Bundesverfassungsgericht hat dazu mehrfach ausgeführt, dass sich das Trennungsgebot aus dem Grundgesetz herleiten lässt. Eine uneingeschränkte Weitergabe von Informationen zwischen Nachrichtendiensten und Polizeibehörden ist somit rechtlich unzulässig.

Dasselbe Land, eine andere Zeit. Im nationalsozialistischen Deutschland ist mit der Gründung des Reichssicherheitshauptamtes (RSHA) im September 1939 durch Zusammenlegung von gemeinsam zur Sicherheitspolizei gehörender Kriminalpolizei und Geheimer Staatspolizei (Gestapo) sowie dem Sicherheitsdienst des Reichsführers SS (SD) eine Organisationsstruktur geschaffen worden, in der ganz gezielt polizeiliche und nachrichtendienstliche Tätigkeitsbereiche zusammengeführt worden sind. Während etwa die Auslandsgliederungen des SD für Spionage und verdeckte Operationen zuständig waren, ist es im Inland vorrangig um die Bekämpfung und Verfolgung regimekritischer politischer Gegner wie Kommunisten, Sozialdemokraten, Angehörige von Minderheiten und anderer gegangen. Ähnlich gelagerte Aufgaben sind auch von der berüchtigten Gestapo wahrgenommen worden, die sich bei den von ihr oft aufgrund von Denunziationen Verfolgten wie selbstverständlich des Instruments der unbefristeten Schutzhaft ohne richterliche Überprüfung bedient hat. Physische und psychische Folter waren im Rahmen der verschärften Vernehmung an der Tagesordnung. Die Namen einiger Angehörigen der Dachorganisation RSHA sind dazu geeignet, in einer

Horrorshow des Schreckens vordere Plätze einzunehmen: Reinhard Heydrich, Ernst Kaltenbrunner, Werner Best und nicht zuletzt Adolf Eichmann. Die Nürnberger Prozesse haben sowohl SD als auch Gestapo zu verbrecherischen Organisationen erklärt.

Ohne aus den genannten Beispielen Gesetzmäßigkeiten herleiten zu wollen, liegt die begründete Vermutung nahe, liberale Demokratien westlichen Zuschnitts, die sich verfassungskonform alle paar Jahre dem Votum ihrer Bürgerinnen und Bürger in freien Wahlen zu stellen haben, benötigen keinen Repressionsapparat gegenüber ihren eigenen Staatsangehörigen. Für sie stellen geschützte Rechte wie Meinungs-, Presse- oder Versammlungsfreiheit Güter von hohem Wert dar. Andersherum: Wo bewaffnete revolutionäre Gruppierungen die politische Macht erobert haben, in totalitären oder autoritären Staaten, ist eine den eigenen Zwecken oder programmatischen Absichten, die nur vorgeblich mit allgemeinen Interessen oder dem Gemeinwohl übereinstimmen, dienstbare Sicherheitsarchitektur notwendige Voraussetzung für dauerhaften Machterhalt. In diesem Sinne machten sich die Bolschewisten bald nach der Oktoberrevolution 1917 daran, die Außerordentliche Allrussische Kommission zur Bekämpfung von Konterrevolution, Spekulation und Sabotage zu gründen. Als Tscheka ist diese Geheimpolizei bekannt geworden.

"Auferstanden aus Ruinen" - Von der SBZ zur DDR

Die Gründung des Ministeriums für Staatssicherheit (MfS) am 8. Februar 1950 ist nur vier Monate nach der Entstehung der Deutschen Demokratischen Republik erfolgt. Gemäß der Logik des Kalten Krieges ist damit die Teilung Deutschlands vorläufig zementiert worden. Im Inneren des Landes östlich der Elbe hatte man sich schon zu Zeiten der Sowjetischen Besatzungszone (SBZ) daran gemacht, die Gesellschaft klassenkämpferisch zu verändern. Der Parole *„Junkerland in Bauernhand"* entsprechend hat die Bodenreform vom September 1945 vorgesehen und auch in die Praxis umgesetzt, Großgrundbesitz entschädigungslos zu enteignen und an diejenigen umzuverteilen, die über kein Land verfügten. Erst danach erfolgten schrittweise die freiwillige und zwangsweise Kollektivierung des Landbesitzes. Bei der annährend zeitgleich eingeleiteten Industriereform ist es innerhalb weniger Jahre zur Überführung von fast 10.000 Unternehmungen in Staatsbesitz ohne Entschädigung gekommen. Banken und Sparkassen sind ebenfalls verstaatlicht worden.

Die dafür verantwortlichen Politiker gehörten der aus dem Zwangszusammenschluss von KPD und Ost-SPD hervorgegangenen Sozialistischen Einheitspartei Deutschlands (SED) an. Scheinbar paritätisch sind die ersten Spitzenämter der jungen Republik an den früheren Angehörigen der KPD Wilhelm Pieck - er ist als erster Präsident nominell Staatoberhaupt geworden - und den alten Sozialdemokraten Otto Grotewohl als

Ministerpräsidenten übergegangen. Doch das eigentliche Machtzentrum lag bei dem 1893 in Leipzig geborenen, gelernten Möbeltischler Walter Ulbricht. In seiner Funktion als Generalsekretär des Zentralkomitees (ZK) der Partei hatte er gleichzeitig den Vorsitz im Politbüro inne und war damit Moskaus eigentlicher Proconsul in Ost-Berlin.

Ihr durchaus respektables und angenehmes Domizil fand die Politprominenz des Arbeiter- und Bauernstaates zunächst in am Majakowskiring in Berlin-Niederschön-hausen gelegenen schnieken Villen, später in der Waldsiedlung Wandlitz in Bernau bei Berlin. Mehr als 650 Bedienstete sorgten in der Waldsiedlung dafür, dass man es sich gut gehen lassen konnte, einschließlich der Versorgung mit offiziell auch gerne verpönten Westprodukten.

Wandlitz wurde neben einem äußeren von einem inneren Sicherungsring umgeben, der mit einer zwei Meter hohen, grün angestrichenen Betonmauer versehen war. Die Hauptabteilung Personenschutz des MfS und das Wachregiment Felix Dzierzynski übernahmen die Absicherung des Geländes vor gleichermaßen uner-wünschten wie ungebetenen Besuchern. Eindringlinge, denen es dennoch gelang, die Sperranlagen zu überwinden, sollten zwingend verfolgt und nach Möglichkeit mit Bajonett oder Gewehrkolben unschädlich gemacht werden. Vom Schusswaffengebrauch ins Innere der Siedlung hinein war über viele Jahre Abstand zu nehme

Das Wachregiment "Felix Dzierzynski"

Dieser militärische Verband mit einer Personalstärke von gut 11.000 Soldaten im Jahr 1989 war nicht Bestandteil der Nationalen Volksarmee (NVA), sondern gehörte zum MfS. In der Namensgebung nach dem ersten Chef der sowjetischen Geheimpolizei Tscheka Felix Dzierzynski drückt sich das Selbstverständnis der sich selbst gerne als Tschekisten bezeichnenden Angehörigen der Staatssicherheit und insbesondere ihres militärisch-operativen Zweiges, des Wachregiments, aus. Die Hauptaufgaben der roten Prätorianergarde lagen beim Wach- und Sicherungsdienst wichtiger Staats- und Parteieinrichtungen in Ost-Berlin und Umgebung. In diesem Sinne ist das Wachregiment auch beim Mauerbau 1961 tätig gewesen und bildete darüber hinaus für den Fall innerer Unruhen eine stets bereite, dem Wohl von Partei und Politprominenz eher als dem der Bevölkerung verpflichtete Eingreifreserve.

Wie weitreichend das Aufgabenspektrum des schlussendlich über 91.000 Mitarbeiter umfassenden MfS schließlich war, wurde vom mehr als dreißig Jahre zuständigen Minister für Staatssicherheit Erich Mielke 1992 mit den Worten beklagt, *„Ich würde den anderen nicht die Möglichkeit geben, uns alle Verantwortung zu überlassen. Staatssicherheit! Staatssicherheit! Was glauben Sie, mit welchen Nebensächlichkeiten wir uns befassen mussten?"* Nicht zuletzt auf ökonomischem Gebiet war man gefordert, um die strukturelle

Innovationsschwäche der DDR-Wirtschaft zu überwinden.

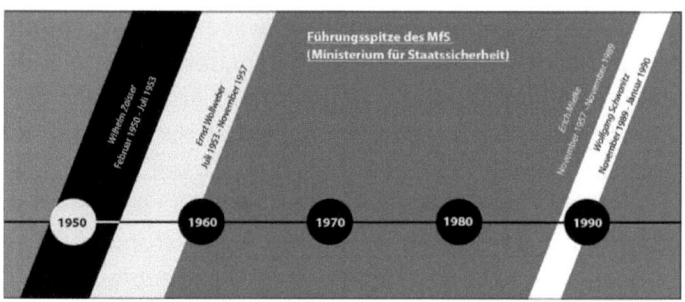

Dem Historiker Jens Gieseke zufolge war hier der Sektor
Wissenschaft und Technik der mit nachrichten-
dienstlichen Tätigkeiten im Ausland betrauten
Hauptverwaltung A zuständig bzw. tätig, um durch
Technik- und Wirtschaftsspionage die eigene Position zu
verbessern. Die dreieinhalb Jahrzehnte von dem legen-
dären Markus „Mischa" Wolf geleitete Hauptverwaltung
A hat damit das Feld der klassischen Auslandsspionage
und -aufklärung bearbeitet. In Ermangelung einer freien
Presse, deren Artikel und Reportagen ein ungeschminktes
Bild der Wirklichkeit im Lande abgegeben hätten, kam der
geheimpolizeilichen Aktivität der Stasi im Inneren ein
hohes Maß an Bedeutung zu, denn die Entscheidungs-
träger der SED mussten mit Lageberichten über die
Stimmung in der Bevölkerung versorgt werden, um im
Bedarfsfall entsprechend gegensteuern zu können. Als
warnendes Beispiel dienten über die Jahre stets die
offensichtlich nicht umfassend genug analysierten
Begleitumstände des Volksaufstandes 1953, die im

Ergebnis zur Entlassung des ersten Ministers der Staatssicherheit Wilhelm Zaisser geführt haben.

Am Ende war alles Überwachen und Bespitzeln vergeblich. Die Wiedervereinigung ist trotzdem erfolgt!

4. Neues Geld!

Die Einführung der D-Mark im Juni 1948 im Zuge der Währungsreform

Der Krieg lag gerade einmal drei Jahre zurück. Die ihn an Leib und Seele halbwegs unversehrt überlebt haben, konnten von Glück reden. Ein schützendes Dach über dem Kopf, das Regen und Schnee daran hinderte, nachts direkt auf die Schlafenden zu fallen, erschien vielen als bloße Träumerei. Der Einschätzung des Historikers Tony Judt zufolge waren rund 40 Prozent des Wohnraumbestandes hierzulande zerstört. Flüchtlinge aus den ehemaligen Ostgebieten wie Schlesien, Hinterpommern oder Ostpreußen hatten schon zu Kriegszeiten die Situation auf den Wohnungsmärkten der zerbombten Großstädte erheblich verschärft, mittlerweile kamen im Zuge territorialer Verschiebungen und ethnischer Säuberungen in Osteuropa deutschsprachige Bevölkerungsgruppen in Übereinstimmung mit den Regelungen des Potsdamer Abkommens als zwangsweise Vertriebene hinzu. Einquartierungen bei denjenigen, die zwar auch den Krieg nicht aber die Heimat verloren hatten, erschienen als probates Mittel, um vorübergehend entsprechende Not zu lindern. Nicht zu vergessen das traurige Los derjenigen als *„Displaced Person"* (DP) orientierungslos in einem fremden Land Umherstreifenden. Rückkehr in die jeweilige Ursprungsheimat schien, wo persönliche Verfolgung drohte, kaum die passende Antwort zu sein.

Mangelernährung und Hunger waren weitere elementare Erfahrungen und Prüfungen auf die Millionen Betroffene gerne verzichtet hätten, sofern eine Alternative dazu bestanden hätte. Im literarischen Werk des im November 1947 früh verstorbenen Wolfgang Borchert wird der triste, trübe Alltag im Deutschland der Nachkriegszeit mit schonungslosem Realismus nachgezeichnet. Jenseits theoretischer Analysen oder abstrakter Statistiken vermittelt etwa die Kurzgeschichte „Das Brot", wie es gewesen ist, nicht genug zu essen zu bekommen und um das wenige, was es gab, ein Katz-und-Maus Spiel zu veranstalten. Wer Jahre zuvor einem achtbaren und gesitteten Stadtbürgertum zugerechnet worden ist, sah sich nunmehr in die missliche Lage versetzt, Akteur bei riskanten Schwarzmarktgeschäften zu werden oder bei Fahrten aufs Land kostbaren Familienschmuck oder Kunstgegenstände gegen ein Stück Mettwurst oder einen Sack Kartoffeln einzutauschen. Wohl hatte die 1924 während der Weimarer Republik eingeführte Reichsmark immer noch den Status eines offiziellen Zahlungsmittels inne, doch war sie bereits seit 1943 auf dem internationalen Devisenmarkt nicht mehr konvertierbar, da sie weitgehend wertlos geworden war. Die allgegenwärtigen Zigaretten nahmen stattdessen die Rolle eines allgemein akzeptierten Zahlungsmittels ein, etliche Güter des täglichen Bedarfs waren nur rationiert auf Bezugsschein erhältlich. Da von einer funktionierenden Wirtschaft nicht die Rede sein konnte, schienen Veränderungen unumgänglich zu sein.

Besatzungsregime

In den drei Zonenprotokollen vom 12. September 1944, 14. November 1944 und 26. Juli 1945 ist die Aufteilung Deutschlands in vier Besatzungszonen seitens der alliierten Beraterkommission für Europa (European Advisory Commission) seinerzeit festgelegt worden. Während die Zusammenarbeit der Alliierten in Kriegszeiten - solange der gemeinsame Gegner vorhanden war - überwiegend funktioniert hatte, nahmen die Spannungen seit dem Sommer 1945 allmählich zu. Die ideologischen Gegensätze, die im Antagonismus Kapitalismus vs. Kommunismus und den jeweils favorisierten Gesellschaftsmodellen ihre nicht länger überbrückbare Zuspitzung erfuhren, waren am Ende des Tages zu ausgeprägt. Im Februar 1946 hat der US-amerikanische Diplomat George F. Kennan sein berühmt gewordenes *langes Telegramm* aus der Moskauer Botschaft nach Washington gekabelt. Hier und in seinem späteren Beitrag *The Sources of Soviet Conduct*, veröffentlicht in der einflussreichen Zeitschrift Foreign Affairs, wird sowjetischen Expansionsbestrebungen gegenüber eine Politik der Eindämmung (Containment Policy) empfohlen. Kennans Handlungsempfehlungen bildeten schließlich die Grundlage der im März 1947 von Präsident Harry S. Truman vor dem Kongress verkündeten Truman-Doktrin.

Man war mitten im Kalten Krieg angekommen, wovon die Situation in der sowjetischen, amerikanischen, britischen und französischen Besatzungszone Nachkriegsdeutschlands verständlicherweise nicht unberührt geblieben ist. Bereits einige Wochen vor Trumans wegweisender Rede sind zum Jahresanfang 1947 die amerikanische und britische Besatzungszone zum Vereinigten Wirtschaftsgebiet, zur Bizone, zusammengefasst worden.

"Wir sind die Eingeborenen von Trizonesien"

Fast lässt der Titel es erahnen. Bei dem populären Schlager der Eingeborenen von Trizonesien handelt es sich um ein Produkt aus der Kreativschmiede des rheinischen Karnevals, welches rasch über die einschlägigen Hotspots des kostümierten Narrendaseins hinaus überregionale Bedeutung in unfroher Zeit gewonnen, sogar den Status einer inoffiziellen Nationalhymne eingenommen hat.

Es hat nun viel mit der Logik des Kalten Krieges - von Winston Churchill in seiner Metapher vom eisernen Vorhang, der sich östlich der Linie Lübeck-Triest-Korfu über Europa niedergesenkt habe, früh erkannt - zu tun, dass die Deutschen, deren damaliger Wohn- und Aufenthaltsort die Sowjetische Besatzungszone (SBZ) bildete, nicht in den Genuss kamen, Eingeborene von Trizonesien zu werden. Trizonesier ist am 20. Juni 1948, dem Tag der Währungsreform, nur geworden, wer in den drei westlichen Besatzungszonen einschließlich West-Berlins lebte.

Dass die Sowjets mit dem Vorgehen der Westalliierten insgesamt unzufrieden und nicht einverstanden waren, äußerte sich zum einen im Austritt aus dem Alliierten Kontrollrat im März 1948 und zum anderen in der am 24. Juni 1948 nur vier Tage nach Beginn der Währungsreform durchgeführten Blockade der Land- und Wasserwege zwischen den Westzonen und den Westsektoren Berlins. Die Einführung einer eigenständigen ostdeutschen Währung gehört ebenfalls in diesen Zusammenhang und nimmt die Teilung des Landes in zwei selbständige Staaten im Folgejahr vorweg.

Kopfgeld

In vier Gesetzen zur Neuordnung des Geldwesens ist die Umsetzung der Währungsreform geregelt worden. Zuvor mussten natürlich die DM-Banknoten erst gedruckt werden, was ab September 1947 in New York durch die American Bank Note Company und in Washington durch das Bureau of Engraving and Printing besorgt wurde, bevor es im Rahmen einer geheimen Operation namens Bird Dog zum Transport per Schiff nach Bremerhaven gekommen ist.

Jeder Westdeutsche kam nun in den Genuss des Kopfgeldes in Höhe von DM 40, die er im Austausch gegen 40 Reichsmark erhielt, was zu langen Warteschlangen vor den dafür vorgesehenen Ausgabestellen führte. Innerhalb der kommenden zwei Monate gab es noch einmal DM 20, wiederum im Austausch gegen 20 Reichsmark. Laufende Zahlungen wie Löhne, Mieten, Renten und Pensionen wurden im Verhältnis 1:1 umgestellt, wer Schulden in Höhe von 100 Reichsmark hatte, sah sich in die recht komfortable Situation versetzt, lediglich DM 10 zurückzahlen zu müssen. Wer allerdings über umfangreichere Spar- und Bargeldguthaben in Reichsmark verfügte, gehörte zu den Verlierern, da nach unterschiedlichen Schlüsseln massive Abwertungen, sogar Totalverluste bei nicht ordnungsgemäßer oder fristgerechter Anmeldung der Bestände in Kauf genommen werden mussten.

Am nächsten Tag, es war Montag, der 21. Juni 1948, waren die Schaufenster der Geschäfte wieder mit mehr oder weniger begehrenswerten Auslagen gefüllt. Freie Preisgestaltung war wieder möglich. Der Mangel über Nacht verschwunden, was insofern nicht verwundert, da in der Bevölkerung die Gerüchteküche schon länger brodelte. Der legendäre CDU-Politiker, Ökonom und spätere Bundeskanzler Ludwig Erhard hat die nun einsetzende Entwicklung ein Jahr später mit den Worten, *„Das aber, was seit einem Jahr immerhin am Wiederaufbau unserer Wirtschaft und an Verbesserung der sozialen Lage unseres Volkes erreicht wurde, das hat allein der entschlossene Übergang von der Zwangswirtschaft zur Marktwirtschaft"*, kommentiert.

Erhard steht für die Einführung der sozialen Marktwirtschaft, in der die Freiheit des Marktes mit sozialem Ausgleich verbunden worden ist. Den Weg ins Wirtschaftswunder der kommenden Jahre haben gewiss noch andere Faktoren begleitet. Die Zahlung von gut 1,4 Milliarden Dollar bis 1952 seitens der USA im Rahmen der als Marshallplan bekannten Wiederaufbauhilfe für Europa gehören dazu, ebenso wie der Umstand, dass die kriegsbedingten Zerstörungen in der Industrie im Gegensatz zum Wohnraumbestand weitaus geringer ausgefallen sind als allgemein angenommen. Selbst im Ruhrgebiet waren im Mai 1945 nicht mehr als 20 Prozent aller Produktionsanlagen zerstört worden. Um ein anderes konkretes Beispiel zu geben: Im Volkswagenwerk hatten 91 Prozent des Maschinenparks Bombenangriffe und Nachkriegsplünderungen überstanden. Das Niveau, von dem aus trotz Demontagen und Reparationen gestartet werden konnte, war also nicht so gesunken, als dass ein Aufschwung unmöglich war. Die anders als ihre europäischen Nachbarwährungen italienische Lira und französischer Franc stets von einer Aura der Stabilität und Härte umgebene Deutsche Mark sollte im kommenden halben Jahrhundert ebenfalls ihren wirkungsvollen Beitrag dazu leisten.

5. Das Aufbegehren

Leidgeprüfte Menschen Osteuropas in den 1950er Jahren: Risse in der schönen neuen Welt der Arbeiter-und-Bauern-Staaten

Was sich am 17. Juni 1953 in lautstarken Demonstrationen und Streiks Bahn brach, war nicht auf prominente Berliner locations wie Potsdamer Platz oder Stalinallee, die heutige Karl-Marx-Allee, beschränkt. Weit mehr als eine Million Menschen ist auch anderenorts in Magdeburg und Halle, in Cottbus oder Rostock, in Erfurt, Dresden, Leipzig und zahllosen weiteren kleineren Orten auf den Beinen unterwegs gewesen. An diesem Mittwoch, laut Wetterstation im feinen Dahlem einem wolkigen mit etwas Regen versehenen Tag, entluden sich auf den Berliner Straßen im Ostteil der Stadt und anderswo Unzufriedenheit und Wut auf ein politisches System, dessen Mantra stets glänzende, auf materielles Wohlergehen und die Verbesserung der Lebensumstände gerichtete Zukunftshoffnungen der Werktätigen zu beschwören verstand. Allein: Für allzu viele von ihnen hielt die Realität des Alltags den vollmundigen Versprechungen nicht (mehr) stand, daher die an diesem Tag immer wieder erhobenen Forderungen nach dem Rücktritt der Regierung und freien Wahlen.

Ein Jahr zuvor hatte Walter Ulbricht, der in seiner Funktion als Generalsekretär des Zentralkomitees (ZK) der Sozialistischen Einheitspartei Deutschlands (SED) die politisch dominierende Persönlichkeit und Moskaus eigentlicher Proconsul in der DDR war, auf der II. Parteikonferenz verkündet:„*In Übereinstimmung mit den Vorschlägen aus der Arbeiterklasse (...) hat das Zentralkomitee der Sozialistischen Einheitspartei beschlossen, (...) dass in der Deutschen Demokratischen Republik der Sozialismus planmäßig aufgebaut wird.*" Was Ulbricht damit meinte, wird deutlicher, wenn man sich vergegenwärtigt, dass eine der Grundüberzeugungen der marxistischen Ideenlehre darauf basiert, dass kein politisches System verändert werden kann, ohne vorher entsprechende Stellschrauben in der Wirtschaft bewegt zu haben. Einige wesentliche ökonomische Neujustierungen sind daher schon bald nach Kriegsende vorgenommen worden, wie beispielsweise die Enteignung von Großgrundbesitz gemäß dem Motto „*Junkerland in Bauernhand*". Was als von vielen durchaus begrüßte Umverteilung begann, ist einige Zeit später zunächst von freiwilligen und dann ganz in Ulbrichts klassenkämpferischem Sinn zwangsweisen Kollektivierungen fortgesetzt worden. Private unternehmerische Initiative war den an Marx und Lenin geschulten Ideologen gleichfalls ein Dorn im Auge, so dass im Ergebnis ein Maßnahmenmix aus Repression und Verstaatlichung zum Tragen kam. Davon waren nicht nur Banken, Sparkassen und industrielle Großbetriebe, sondern ebenso Handwerkergeschäfte auch von nur bescheidenem Umfang und der mittelständische Einzelhandel betroffen. Da zudem der Fokus auf die Errichtung der Schwerindustrie ganz nach sowjetischem Vorbild gerichtet und die Lebensmittel- und

Konsumgüterindustrie vernachlässigt wurden, war eine Versorgungskrise das Ergebnis. Der Wirtschaftshistoriker Christoph Buchheim hat 1990 dazu in den Vierteljahresheften für Zeitgeschichte festgestellt, dass sich die Missernte des Jahres 1952 noch gravierender als der Mangel an industriell hergestellten Verbrauchsgütern ausgewirkt hat. Die weit hinter den Erwartungen zurückgebliebene Ernte ist zum einen die Folge schlechter Witterungsbedingungen, andererseits aber auch ein Ergebnis der aus ideologischen Gründen betriebenen Sozialisierungskampagne in der Landwirtschaft, die viele Bauern zur Flucht veranlasst habe, gewesen. Zudem ist das Defizit an Lebensmitteln für die einfache Bevölkerung nach Christoph Buchheim durch die Anlage größerer Staatsreserven und die steigenden Anforderungen des Militärs verschärft worden. Die Ernährungskrise, die 1953 im Osten Deutschlands ausgebrochen ist, war daher mit den Zuständen in der unmittelbaren Nachkriegszeit vergleichbar. Entsprechend groß muss die individuelle Not gewesen sein.

Ungeschickterweise versuchte sich das der eigentlichen Regierung stets übergeordnete Zentralkomitee mit dem gelernten Möbeltischler Walter Ulbricht an der Spitze der bereits bestehenden Krisensituation zu entwinden, indem es die Arbeitsnormen erhöhte. Die für Lohn zu erbringende Arbeitsleistung sollte nämlich laut Beschluss vom 13. und 14. Mai 1953 um zehn Prozent erhöht werden, was de facto auf eine erhebliche Lohnsenkung hinausgelaufen wäre. Zwar wurde nach Rücksprache mit Moskau noch eine als Neuer Kurs bezeichnete Korrektur einiger Maßnahmen kommuniziert, doch da war es zu spät. Das Kind war bereits in den Brunnen gefallen!

Vor dem Hintergrund des Kalten Krieges

Die wohl entscheidende Frage während der Unruhen des 17. Juni und der Zeit danach war, wie sich die Sowjetunion positionieren würde. Noch am selben Tag wurde fast überall in der DDR der Ausnahmezustand verkündet, was der Verhängung des Kriegsrechts gleichzusetzen war. Wer die eigentliche Regierungsgewalt innehatte, wird daran deutlich, dass die entsprechenden Bekanntmachungen eben nicht von ostdeutschen Staatsorganen, sondern von Militärs wie Generalmajor Pjotr Dibrowa, dem Militärkommandanten des sowjetischen Sektors von Berlin vorgenommen worden sind. Schnell beherrschten T-34 Panzer, denen mit Steinwürfen nicht beizukommen war, die Szenerie der Straßen. Mehr als 50 Personen bezahlten ihr Engagement mit dem Leben, rund 1600 Menschen sind im Nachhinein von Strafgerichten verurteilt worden.

Doch wo rührte die dominierende Position der Sowjetunion innerhalb des zu diesem Zeitpunkt vor mehr als dreieinhalb Jahren gegründeten ostdeutschen Staates her? In der Schlussphase des 2. Weltkriegs im Februar 1945 sind auf der Konferenz von Jalta entsprechende Weichenstellungen durch die beteiligten Hauptakteure vorgenommen worden: Franklin D. Roosevelt, Winston Churchill und Stalin kamen überein, dass das mittlere und südliche Osteuropa zukünftig, gemeint ist nach Kriegsende, einer sowjetischen Einflusssphäre zuzuschlagen wären. Die Alliierten waren also bereit, die enormen Anstrengungen und Leistungen sowie die unzähligen Opfer der Roten Armee und der Bevölkerung der Sowjetunion zu honorieren, indem sie einen Sicherheitskordon im westlichen Vorfeld des eurasischen Riesenreiches gewährten. Churchill hat die neuartige Situation wenige Tage nach Kriegsende am 12. Mai 1945 in der berühmt gewordenen Metapher vom eisernen Vorhang, der sich östlich einer von Lübeck nach Triest verlaufenden Linie niedersenke, beschrieben. Was dahinter vor sich gehe, das wisse man nicht. Mit Harry S. Trumans Kongressrede im März 1947, in der er eine Strategie der Eindämmung (Containment) gegenüber kommunistischen Expansionsbestrebungen empfahl und der vielerorts als Replik empfundenen, im September desselben Jahres von Andrei Schdanow, Moskaus Chefideologen, vorgetragenen Zwei-Lager-Theorie, hier ein *„antiimperialistisches-demokratisches"* dort ein *„imperialistisches-antidemokratisches"*, verfestigten sich die Fronten. Man war im Kalten Krieg angekommen. Einer seiner Brennpunkte war von Anfang an das östliche Deutschland, das sich von der Sowjetischen Besatzungszone (SBZ) im Oktober 1949 zur Deutschen Demokratischen Republik (DDR) fortentwickelt hat. Nur vier Monate zuvor ist die Erstausgabe von George Orwells beklemmender Zukunftsvision 1984 veröffentlicht worden.

Verschärftes Grenzregime an der innerdeutschen Grenze

Vor dem Hintergrund einer sich verschärfenden politischen Gemengelage, wirtschaftlich prekären Zuständen und den besseren Zukunftsaussichten im Westen, machten sich die Menschen in stetem Strom auf den Weg, um in der ebenfalls 1949 gegründeten Bundesrepublik Deutschland ihr Glück und ein höheres Maß an persönlicher Freiheit zu suchen. 1952 wurden 160.000 Flüchtlinge gezählt, allein in den ersten vier Monaten des Krisenjahres 1953 waren es weitere 120.000. Um einer absehbaren Entvölkerung Vorschub zu leisten, wurde die offiziell als Demarkationslinie bezeichnete innerdeutsche Grenze durch die Verordnung über Maßnahmen an der Demarkationslinie zwischen der Deutschen Demokratischen Republik und den westlichen Besatzungszonen vom 26. Mai 1952 verstärkt abgeriegelt. Über die gesamte Grenzlänge wurde eine 5 km breite Sperrzone eingerichtet und streng überwacht, der grenznahe Verkehr mit Interzonenpässen wurde aufgehoben und der Grenzübertritt wurde nur noch mit Sondergenehmigung und Stempel im Personalausweis gestattet.

Der ursprüngliche Grenzzaun, der anfangs ein einfacher hüfthoher Stacheldrahtzaun war, wurde erst 1961 durch komplexere und schwieriger zu überwindende Anlagen ersetzt, die in ihren letzten Ausbaustufen in den 1980ern mit integrierten Selbstschussanlagen und Einsatz von Minenfeldern von Flüchtenden selbstmörderischen Einsatz verlangten. Den in den 1950ern getroffenen Maßnahmen war letztlich der Erfolg versagt, da in Berlin nach wie vor die Möglichkeit bestand, vom Ostteil in den Westen der Stadt zu gelangen. Daher dann der Mauerbau im August 1961.

Ungarn 1956

Der aus Teilen der Erbmasse des Habsburgerreiches 1918 entstandene ungarische Nationalstaat ist während des 2. Weltkrieges mit dem Deutschen Reich verbündet gewesen. Entsprechend rabiat und rücksichtslos sind die Soldaten der Roten Armee mit denjenigen Angehörigen der einheimischen Bevölkerung umgegangen, die zu viele Widerworte gaben, eine zu bürgerliche Mentalität zur

Schau stellten oder - ebenfalls ein häufiger Vorwurf - konterrevolutionärer Bestrebungen verdächtigt wurden. Die sowjetische Besatzungsmacht, die hier wie anderenorts in Osteuropa nach Kriegsende ihren Einfluss und ihre Position gemäß den Beschlüssen der Konferenz von Jalta auszubauen begann, exportierte sogar ihr heimisches System der als Gulag bekannten Arbeitslager hierher. In Lagern wie dem von 1950 bis Oktober 1953 bestehenden Recsk, von wo aus Zwangsarbeiter in einen nahegelegenen Steinbruch zur Vollbringung ihres harten und schweren Tagewerks geschickt wurden, gab es viele Internierte, die als Opfer einer Verhaftungswelle ohne Gerichtsurteil hierher verbracht worden sind. Kontakte zur Außenwelt waren ihnen untersagt.

Mit Stalins Tod im Frühmärz 1953 ebbten einige der schlimmsten gegen die eigene Bevölkerung und gegen die der Satellitenstaaten gerichteten Nachstellungen und Repressionen der staatlichen Geheimpolizeien allmählich ab und Hoffnung keimte auf. Stalins Nachfolger Nikita Chruschtschow hielt schließlich am 25. Februar 1956 auf dem 20. Parteitag der Kommunistischen Partei der Sowjetunion (KPdSU) eine Geheimrede mit dem Titel *„Über den Personenkult und seine Folgen"*, in der es um eine Verurteilung der von seinem Vorgänger betriebenen Terrorherrschaft und den inszenierten Personenkult ging. Auf verschlungenen Pfaden gelangte der Text in die USA, wo er am 4. Juni 1956 in der New York Times abgedruckt wurde und nach und nach weitere Verbreitung fand.

In Ungarns parteipolitischer Landschaft ist ein ganz ähnliches Phänomen zu beobachten gewesen, wie es ebenso in der DDR stattgefunden hat, wo aus der Zwangsvereinigung von KPD und SPD die SED hervorgegangen ist. In Ungarn ist aus dem Zusammenschluss von Kommunistischer Partei mit den Sozialdemokraten am 12. Juni 1948 die Partei der Ungarischen Werktätigen (Magyar Dolgozók Pártja) entstanden. Ihr erster Generalsekretär, Mátyás Rákosi, betrieb in den kommenden Jahren die schrittweise Sowjetisierung des Landes mit autoritären Methoden und mit Hilfe geheimpolizeilicher Organisationen wie der ÁVO und ÁVH, die Tausende Regimegegner umbrachten.

Eine sich wirtschaftlich massiv verschlechternde Lage konnte dadurch selbstverständlich nicht verhindert werden und es kam, angefeuert von aktuellen Ereignissen in Polen zum Volksaufstand, dessen Beginn die Historikerin und Osteuropaexpertin Anne Applebaum in *„Der eiserne Vorhang. Die Unterdrückung Osteuropas 1944 – 1956"* anschaulich nachgezeichnet hat. Demnach haben sich zunächst am 22. Oktober 1956 ca. 5.000 Studenten in einem Saal der Technischen Universität von Budapest versammelt, um aus dem Verband der Werktätigen Jugend auszutreten und eine eigene Organisation zu gründen. Schließlich haben sie Applebaum zufolge ein Manifest geschrieben, ein radikales Dokument, das als die 16 Punkte bekannt geworden ist. Unter anderem wurde darin der Abzug der sowjetischen Truppen aus Ungarn gefordert sowie freie Wahlen, Versammlungsfreiheit, Wirtschaftsreformen und die Wiedereinführung des 15. März als Nationalfeiertag. Es verging danach kein ganzer Tag bis sich um die 25.000 Menschen auf einem zentralen Platz der Stadt versammelt haben. Wie drei Jahre zuvor in Berlin während des dortigen Volksaufstands kochten in der Menge die Emotionen hoch und eine russische Buchhandlung wurde verwüstet und angezündet. Vor dem Gebäude eines Radiosenders wurde die Forderung erhoben: *„Wir wollen ein Radio, das dem Volk gehört."* Als der Sender nach Auffassung der Protestierenden nicht angemessen reagierte, ist der Eingang von außen aufgebrochen worden. Auf dem Heldenplatz der Donaumetropole war dann ein bronzenes Stalindenkmal, das erst einige Jahre zuvor aufgestellt worden war, Ziel der Demonstranten. Nach ein paar vergeblichen Versuchen, die Statue mit Stricken herunterzureißen, ist schließlich eine Arbeiterbrigade mit schwerem Gerät und Schweißbrennern dazugekommen. Um kurz nach halb zehn Uhr abends stürzte Stalin, so groß war die Wut.

Über den Sender Radio Free Europe wurde den Aufständischen militärische Hilfe aus dem Westen versprochen, die niemals gekommen ist. Mehr als 3.000 Tote waren schlussendlich zu beklagen, mehr als 200.000 Menschen gingen in die Emigration, vorwiegend ins westliche Ausland.

Beide Volksaufstände - wie auch der Prager Frühling 1968 - haben ein überaus mutiges Zeichen gegen staatliche Unterdrückung als systemstabilisierenden Faktor innerhalb der Arbeiter-und-Bauern-Staaten gesetzt. Der

Glaube an den Wert persönlicher Freiheit hat sich als stärker als die Furcht vor Nachstellungen und Repression erwiesen!

6. Konrad Adenauer, Bundeskanzler

„ES BESTEHT FÜR UNS KEIN ZWEIFEL, DASS WIR NACH UNSERER HERKUNFT UND NACH UNSERER GESINNUNG ZUR WESTEUROPÄISCHEN WELT GEHÖREN." REGIERUNGSERKLÄRUNG DES BUNDESKANZLERS VOR DEM DEUTSCHEN BUNDESTAG AM 20. SEPTEMBER 1949

Als Konrad Adenauer am 15. September 1949 vom Bundestag mit der Mehrheit von 202 der 402 stimmberechtigten Mitglieder des Hauses zum ersten Bundeskanzler der Bundesrepublik Deutschland gewählt wurde, war er bereits 73 Jahre alt. Von seinen Nachfolgern erlebten dennoch nur die ebenfalls der CDU zugehörigen Helmut Kohl und Angela Merkel eine längere Verweildauer im Amt. Andererseits: Zur Zeit seiner Geburt im Januar 1876, demselben Jahr in dem der Schriftsteller Jack London und die legendenumwobene bekannte Spionin Mata Hari geboren wurden, war das im Spiegelsaal von Versailles proklamierte Deutsche Kaiserreich unter Wilhelm I. noch keine fünf Jahre alt. Das Dreikaiserjahr 1888 lag in der Ferne, noch weiter die entbehrungsreichen Jahre des 1. Weltkriegs, in denen Adenauer aufgrund zahlreicher kommunalpolitischer Verdienste in seiner Heimatstadt Köln zum Oberbürgermeister gewählt worden ist. Der Amtsenthebung durch die Nationalsozialisten im März 1933 folgten für den ursprünglich der katholischen Zentrumspartei Zugehörigen zwölf Jahre in der inneren

Emigration mit gekürzter Pension und zeitweisem Gefängnisaufenthalt. Das ließ ihn für die Besatzungsmächte nach Kriegsende jedenfalls unbelastet genug für die neuerliche Wahrnehmung öffentlicher Aufgaben und Ämter erscheinen.

1963 vor annähernd 60 Jahren ist die Amtszeit des Gründungskanzlers schließlich an ihr Ende gelangt. An seinen Nachnachfolger Kurt Georg Kiesinger erinnert heute nicht mehr viel, wenn überhaupt dann am ehesten die Tatsache, die erste Große Koalition auf Bundesebene geleitet zu haben. Doch wie steht es mit dem Ansehen des gelernten Juristen Konrad Adenauer? Wirft man einen etwas genaueren Blick auf sein politisches Vermächtnis, was er für die Zeitgenossen damals an relevanter Politik entworfen und umgesetzt hat, kann man sich nur schwer des Eindrucks entziehen, dass unter seiner Federführung fundamentale Weichenstellungen von enormer Tragweite für das vom Krieg zerstörte Land vorgenommen worden sind. Jede Kandidatin, jeder Kandidat auf das Kanzleramt wurde und wird seitdem dadurch auf eine recht simple Grundwahrheit verwiesen: Politik hierzulande insbesondere in den Ressorts Äußeres, Verteidigung und Wirtschaft ist auch im 21. Jahrhundert nur innerhalb der von Adenauer errichteten und denkbare Handlungsspielräume begrenzenden Leitplanken möglich.

CDU anstatt Zentrum

Die alte politische Heimat, die konfessionell an den Katholizismus gebundene Zentrumspartei, bot sich ihm als neue Heimat nicht mehr an. Zwar war die nach dem Krieg wieder gegründete Partei in der Lage, mit Rudolf Amelunxen den ersten Ministerpräsidenten von Nordrhein-Westfalen zu stellen und zwei stimmberechtigte Abgeordnete - neben den 63 anderen von CDU, CSU, SPD, FDP, KPD und Deutscher Partei (DP) - in den das Grundgesetz beratenden Parlamentarischen Rat zu entsenden, doch die herausragende Rolle, die das die Rechte der Kirche gegenüber den Rechten des Staates verteidigende Zentrum im von Bismarck initiierten Kulturkampf im 19. Jahrhundert eingenommen hatte, war Geschichte. Zuviel war passiert. Mit Bezug auf die in der zweiten Hälfte der 1940er immer noch aktiven Politiker aus der Weimarer Republik hat der renommierte Historiker Heinrich August Winkler im *„Langen Weg nach Westen"* dazu festgestellt, dass die bürgerlichen unter ihnen zumeist in der Zersplitterung des Parteiwesens eine wesentliche Ursache für das Scheitern der ersten deutschen Republik gesehen und daher eine Konzentration der Kräfte entweder unter christlichen oder liberalen Vorzeichen im Blick gehabt hätten. Unter den ehemaligen Anhängern des Zentrums habe frühzeitig die Auffassung die Oberhand gewonnen, dass der Nationalsozialismus den überzeugten Christen der beiden großen Konfessionen immerhin eine wertvolle Lehre erteilt habe, wonach das, was sie gemeinsam teilten viel entscheidender als das Trennende war. Nach dem Ende der Diktatur konnte es demnach nur um die Gründung einer großen christlichen Partei und nicht um die Wiederbelebung konfessioneller Parteien wie des katholischen Zentrums oder, auf evangelischer Seite, des Christlich-Sozialen Volksdienstes gehen. Die Christlich-Demokratische Union, die im Frühjahr 1945 nahezu gleichzeitig in Berlin, Köln und Frankfurt entstand, war das Ergebnis solcher Überlegungen.

Erste Stationen in der neuen überkonfessionellen Sammlungspartei waren für Adenauer im Januar 1946 die Wahl zum 1. Vorsitzenden in der Britischen Zone und im Juli 1946 die Übernahme des Fraktionsvorsitzes der CDU im ersten Landtag von Nordrhein-Westfalen. Bis ausgehend von der US-amerikanischen, britischen und französischen Besatzungszone drei Jahre später 1949 ein westdeutscher Staat mit einer aus Mitgliedern von CDU/CSU, FDP und DP bestehenden bürgerlichen Koalitionsregierung mit Konrad Adenauer an der Spitze gegründet wurde, hatte sich die bei Kriegsende gegebene internationale Situation grundlegend gewandelt. US-Präsident Harry S. Truman reagierte, indem er im heimischen Kongress die unter dem Begriff „Containment" bekannt gewordene Eindämmungs-strategie gegenüber kommunistischen Begehrlichkeiten verkündete. Moskaus Chefideologe Andrei Schdanow hat daraufhin im September 1947 mit der Zwei-Lager-Theorie gekontert.

Welche anderen Möglichkeiten als Antwort der Sowjetischen Besatzungszone (SBZ) bestanden hätten, als in den Westzonen im Juni 1948 im Zuge der Währungsreform die Reichsmark von der D-Mark abgelöst wurde, darüber lässt sich streiten. Ein einheitlicher Staat mit unterschiedlichen sowohl dem Kapitalismus als auch dem Kommunismus verpflichteten Wirtschaftssystemen und unterschiedlicher Währung ist jedenfalls kaum vorstellbar. Die Antwort, die mit der Blockade der Zufahrtswege nach Berlin gefunden wurde, hat indessen viel mit der Logik des Kalten Krieges zu tun, die zusehends das Verhältnis zwischen Ost und West prägte und nachhaltig bestimmte. Churchills berühmte Metapher vom eisernen Vorhang, der sich östlich einer von Lübeck nach Triest verlaufenden Linie niedergesenkt habe, war Realität geworden.

Westintegration vs. dauerhafte Teilung des Landes

Während Realisten in der SPD wie der Berliner Oberbürgermeister Ernst Reuter in Anerkennung der Gegebenheiten zu dem Ergebnis kamen, *„Die Spaltung Deutschlands wird nicht geschaffen, sie ist schon vorhanden"*, bekannte sich Adenauers wichtigster Gegenspieler, der SPD-Vorsitzende Kurt Schumacher zum ungeteilten Einheitsstaat möglichst in den Grenzen von 1937. Theoretisch erkannte Schumacher zwar die Vorzüge einer Westbindung an, praktisch blockierte er aber andererseits Schritte, die diese Festlegung unterstützt hätten etwa bei den Themen Montanunion, Europarat oder der europäischen Verteidigungsgemeinschaft. Durch sie würde nach den ganz national orientierten Denkmustern Schumachers, die eigentlich eher beim konservativ-bürgerlichen Spektrum zu erwarten gewesen wären, die deutsche Wiedervereinigung dauerhaft erschwert oder ganz unmöglich gemacht. Auch in der CDU selbst waren die Positionen nicht einheitlich. Jakob Kaiser als wichtigster Vertreter des linken Parteiflügels etwa favorisierte ein blockfreies Deutschland mit Brückenfunktion zwischen Ost und West. Neutralität im Gegenzug für das mögliche Zugeständnis der Wiedervereinigung war im März 1952 sogar ein Element der sogenannten ersten Stalin-Note. Doch Adenauer war nicht zur Annahme des Danaergeschenks bereit. Ein funktionierender Teilstaat mit fester Westbindung erschien dem mit allen politischen Wassern gewaschenen Rheinländer der einzig gangbare Weg zu sein, jedwede Art pendelnden Lavierens zwischen Ost und West durch die Vergangenheit diskreditiert.

Als Schlüssel zur Erreichung von Adenauers wesentlichen politischen Zielen, die mit der Sicherung des wirtschaftlichen und politischen Aufbaus des neuen Staates und dessen militärischer Sicherheit verknüpft waren, hat der Politologe Kurt Sontheimer die Bereitschaft zur Wiederbewaffnung herausgestellt, was innenpolitisch ein höchst umstrittenes Thema war. Doch die Bildung der NATO 1949 bot der Bundesrepublik Deutschland vor dem Hintergrund des sich verschärfenden Ost-West-Konflikts die Chance, politische Gleichberechtigung zu erreichen, sofern man bereit war bei der Verteidigung des Westens mitzuwirken. 1955 erfolgte dann der Beitritt zum transatlantischen Militärbündnis.

Ein weiterer Schritt auf dem Weg zur intensiveren Westintegration war die Aussöhnung mit Frankreich. Sie sollte ihren Höhepunkt in der Unterzeichnung eines Freundschaftsvertrages finden, der laufende gegenseitige Konsultationen in allen wichtigen politischen Fragen vorsah und Anfang 1963 von General de Gaulle und Adenauer unterzeichnet wurde. Der gemeinsame europäische Gedanke, der in den 1957 unterzeichneten Römischen Verträgen zur Gründung der Europäischen Wirtschaftsgemeinschaft (EWG) geführt hat, ist mindestens der Idee nach bereits einige Jahre früher beim Schuman-Plan erkennbar. Der Historiker Tony Judt hat in der *„Geschichte Europas. Von 1945 bis zur Gegenwart"* die Anfänge seiner Entstehung beschrieben. Danach hatte seinerzeit die französische Regierung initiativ vorgeschlagen, dass man die komplette französisch-deutsche Stahl- und Kohleproduktion unter eine gemeinsame Hohe Behörde innerhalb einer Organisation stellen könnte. Für die Beteiligung anderer Länder Europas gab man sich dabei offen. Der dieser Idee zugrunde liegende Schuman-Plan, mehr ein Kohle- und Stahlkartell als ein Grundkonzept einer europäischen Union, habe schließlich eine praktische Lösung des Problems geboten, das Frankreich seit Kriegsende geplagt hat. Wettbewerb zu fördern, Preise zu gestalten, Investitionen zu lenken und im Namen der Teilnehmerstaaten zu kaufen und zu verkaufen, lag im Rahmen der Befugnis dieser Hohen Behörde. Noch wichtiger vielleicht war, dass ihr ebenso die Kontrolle des Ruhrgebiets und anderer wichtiger deutscher Ressourcen unterstehen sollte. So kam man der europäischen Lösung eines zentralen französischen Problems näher. Die deutsche Regierung habe den Schuman-Plan sofort begrüßt. Oder, wie Adenauer es seinen Mitarbeitern gegenüber deutlich formuliert haben soll: *„Das ist unser Durchbruch."* Kaum sechs Jahre nach Kriegsende war die Bundesrepublik mit anderen unabhängigen Staaten gleichberechtigt in eine internationale Organisation aufgenommen worden und war nun entsprechend Adenauers Wunsch in den Westen eingebunden. Die Deutschen waren es schließlich auch, die den Schuman-Plan als erste ratifiziert haben. Es folgten Italien und die Benelux-Staaten. Doch nicht überall war man erfreut: Auf den Britischen Inseln stieß Schumanns Einladung auf Ablehnung, und ohne Großbritannien, das sich erst 1973 eines besseren besinnen sollte, war an eine Teilnahme der nordischen Staaten nicht zu denken. Im April 1951 waren es somit lediglich sechs westeuropäische Staaten, die in Paris die Vorläuferin der heutigen Europäischen Union, die Europäische Gemeinschaft für Kohle und Stahl (EGKS) gegründet haben.

Soziale Marktwirtschaft

Eine Meinungsumfrage des Instituts für Demoskopie Allensbach unter 2000 Befragten vom Mai 1967 nach den größten Verdiensten Adenauers als Bundeskanzler kam zu einem bemerkenswerten Ergebnis: Bei möglichen Mehrfachnennungen lag mit 75% die Heimführung von Kriegsgefangenen aus Russland an der Spitze, danach folgten mit 70% die Aussöhnung und Freundschaft mit Frankreich, mit 65% Deutschland wieder zu Ansehen verholfen zu haben, mit 48% die Bemühungen um ein politisch vereintes Europa und an fünfter Position mit 47% das Land zu einer geordneten, stabilen Demokratie gemacht zu haben. Gerade einmal 20 Jahre nach Kriegsende war der wieder erreichte Wohlstand in Deutschland offenbar schon so selbstverständlich geworden, dass er keiner vorrangigen Erwähnung mehr bedurfte. Wie war das möglich?

Wer den Text der Präambel des Ahlener Programms der CDU aus dem Februar 1947 liest, findet dort - erstaunlich genug - offen vorgetragene Kapitalismuskritik: *„Das kapitalistische Wirtschaftssystem ist den staatlichen und sozialen Lebensinteressen des deutschen Volkes nicht gerecht geworden. Inhalt und Ziel dieser sozialen und wirtschaftlichen Neuordnung kann nicht mehr das kapitalistische Gewinn- und Machtstreben (...) sein. Durch eine gemeinwirtschaftliche Ordnung soll das deutsche Volk eine Wirtschafts- und Sozialordnung erhalten, die dem Recht und der Würde des Menschen entspricht (...)."* Zwar sprach sich das Ahlener Programm gegen einen Staatssozialismus aus, forderte aber eine teilweise Vergesellschaftung der Großindustrie. Adenauer, der den Begriff *„des mäßigen Besitzes für jedermann"* aus der christlichen Sozialehre in die hiesige Politik transferiert hat, entsprachen die Ahlener ökonomischen Vorstellungen nur bedingt.

Vielmehr entsprach ihm das in den Düsseldorfer Leitsätzen, dem wirtschafts- und sozialpolitischen Programm der CDU für die erste Bundestagswahl 1949, enthaltene ökonomische Konzept der sozialen Marktwirtschaft. Dieser Ableger der freien Marktwirtschaft ist von dem Historiker Bernd Stöver in *„Der Kalte Krieg. Geschichte eines radikalen Zeitalters 1947 -1991"* wie folgt eingeordnet worden. Danach ist das in den Westzonen und dann in der Bundesrepublik bis heute gültige Konzept der sozialen Marktwirtschaft eine Art Kompromiss geworden. Um diesen grundgesetzlich abzusichern, wurde in Artikel 20 die Sozialstaatsklausel verankert: *„Die Bundesrepublik Deutschland ist ein demokratischer und sozialer Rechtsstaat."* Einem totalen Wohlfahrtsstaat wurde eine Absage erteilt und gleichzeitig das Bekenntnis zu einer Ordnung formuliert, die den sozialen Ausgleich als ein wichtiges Element anerkannte. Zusammen mit den Grundrechtsbestimmungen ergebe sich aus Artikel 20 unter anderem ein Fürsorgeanspruch bei Bedürftigkeit und eine Zwangsversicherung, die zur Altersvorsorge dienen und bei Krankheit eingreifen sollte. Bei dieser Art der kollektiven Daseinsvorsorge blieb die Verantwortung des Einzelnen erhalten.

Der Begriff der sozialen Markwirtschaft, die in den drei vergangenen Jahrzehnten manchmal auch als Rheinischer Kapitalismus bezeichnet wurde, ist vom Nationalökonomen Alfred Müller-Armack geprägt worden, seine bekanntesten geistigen Väter waren daneben Walter Eucken, der Begründer der Freiburger Schule des Ordoliberalismus und natürlich Ludwig Erhard. Der am 1. Dezember 2009 in Kraft getretene Vertrag von Lissabon zwischen den 27 Mitgliedstaaten der Europäischen Union strebt ganz in diesem Sinne eine „wettbewerbsfähige soziale Marktwirtschaft" mit Vollbeschäftigung und sozialem Fortschritt an.

Damit ist die von Bundeskanzler Konrad Adenauer national verantwortete Politik in den Jahren des Wiederaufbaus als vielleicht sichtbarster Ausdruck seines nachhaltigen Wirkens auf eine supranationale Ebene in der Gegenwart gehoben worden.

7. Mythos Kennedy

Haben Aliens ihn ermordet? Eine absurde Frage, finden Sie? Im Zusammenhang mit JFK, seinem privaten und beruflichen Werdegang und schließlich dem allzu frühen Tod gehören seltsame Theorien und Thesen jedoch als Begleiterscheinungen auch heute immer noch dazu. In diesem Sinne wurde die Alien-These, was man soeben vielleicht erwarten würde, nicht von einem sensationslüsternen Boulevard-Blatt, sondern in der Zeit-Online vom 22. November 2013 unter der Überschrift *„Wer hat JFK wirklich erschossen?"* diskutiert und vorgestellt.

Was aber ist wirklich geschehen?

Als John Fitzgerald Kennedy, im Familienkreis Jack genannt, vor gut einhundert Jahren am 29. Mai 1917 in Brookline, Massachusetts, geboren wurde, da lag der für den Ausgang des 1. Weltkriegs entscheidende Kriegseintritt der USA keine zwei Monate zurück. Unruhige Zeiten also, in denen die Eltern Joseph Patrick, genannt Joe, und Rose ihr zweitältestes von insgesamt neun Kindern ans Licht der Welt brachten. Sowohl die Kennedys, die Vorfahren von Vater Joe, als auch die Fitzgeralds, die Vorfahren von Mutter Rose, waren Einwanderer aus Irland, die in der Folge der katastrophalen Hungersnöte Mitte des 19. Jahrhunderts den Sprung über den Atlantik wagten, um in Boston ein neues, ein besseres Leben zu beginnen. Mit Ehrgeiz, Fleiß und harter Arbeit, gepaart mit Gottesfurcht und einem gehörigen Maß an Geschäftstüchtigkeit und Intelligenz, gelangte schon die zweite Einwanderergeneration, die Elterngeneration von Rose und Joe, zu nicht unbeträchtlichem Wohlstand. Der Vater von Rose schaffte es, sogar Kongressabgeordneter und Bürgermeister von Boston zu werden. War es Jack Kennedy, dem römisch-katholischen Spross wohlhabender Eltern, somit schon in die Wiege gelegt, was er einmal werden sollte, der 35. Präsident der Vereinigten Staaten von Amerika. Wohl kaum!

Mehrere Umzüge und die damit verbundenen Ortswechsel an der Ostküste des Landes fanden während der Kindheit und Jugendzeit statt. Der Freund historischer Romane von Sir Walter Scott verbrachte die weiterführende Schulzeit im Internat Choate und begann danach sein Studium an der Universität Princeton. Verschiedene Krankheiten, die zum lebenslangen Begleiter werden sollten, führten zum Studienabbruch 1935/36. Währenddessen ist es dem Vater Joe, einem wichtigen Berater Präsident Franklin D. Roosevelts, gelungen in der Politik Fuß zu fassen, obwohl ihm zu seinem großen Bedauern das Amt des Finanzministers versagt bleiben sollte. Dafür ist er dann Anfang 1938 US-amerikanischer Botschafter in London geworden. In den Lebenserinnerungen *„Alles hat seine Stunde"* der Mutter Rose Fitzgerald Kennedy aus dem Jahr 1974 heißt es über diese Zeit, dass ihr Sohn Jack sein Studium in Harvard fortgesetzt habe und schon 1940 sein erstes Examen bestanden hat. Die in diesem Kontext entstandene Abschlussarbeit mit dem Titel *„Appeasement in Munich"* untersuchte die Gründe, die die britischen Regierungen unter Stanley Baldwin und Neville Chamberlain dazu veranlasst hatten, nicht genügend aufzurüsten, um gegen das immer stärker werdende militärische Potential Deutschlands ein Gegengewicht zu schaffen. Aus genau diesem Grund wurde dann ja das Münchner Abkommen notwendig.

Die Kriegszeit sah Jack Kennedy dann als Marineoffizier im Pazifik seinen Dienst auf einem Patrouillenboot versehen, das von einem japanischen Schiff versenkt wurde, so dass der nachmalige Präsident zu einer Insel schwimmend gerade noch mit dem Leben davonkam. Sein älterer Bruder Joe jr. sollte nicht so viel Glück haben, als er im Sommer 1944 durch Explosionen in seinem Flugzeug zu Tode kam. Hatten sich die Hoffnungen des Vaters stets auf den ältesten Sohn gerichtet, in der Politik eine erfolgreiche Karriere zu starten, so ging diese Erwartungshaltung auf den Zweitältesten über, der dann auch bereits 1946 Kongressabgeordneter geworden ist.

Als er schließlich Präsident wurde, waren schon die Zeitgenossen fasziniert und der Prozess der Überhöhung zu einer Gestalt fast mythischen Ursprungs nahm seinen Lauf. Was hat zur Bildung des Mythos beigetragen? Es ist in erster Linie wohl eine Mischung aus individuellen Faktoren und seinerzeit wirksamen gesellschaftlichen Erwartungshaltungen und Einschätzungen, die dafür ursächlich waren. Wichtige Pluspunkte auf der persönlichen Habenseite waren stets die jugendliche Frische und blendende Ausstrahlung, welche JFK auszeichneten.

Beides darf nicht unerwähnt bleiben, und zwar nicht nur im Vergleich mit seinem republikanischen Wahlkampfgegner Richard Nixon oder seinem Amtsvorgänger Dwight D. Eisenhower. Ein amerikanischer Romancier hat ihn als stets braungebrannt wie ein Skilehrer beschrieben. Dazu kommt die Begabung als Redner mit der Fähigkeit zu visionärer Betrachtung, wie sie beispielsweise beim Thema bemannte Weltraumfahrt deutlich geworden ist. In der in diesem Zusammenhang wichtigen Rede vom 25. Mai 1961 sprach Kennedy davon, dass die eigene Nation sich dazu verpflichten sollte, noch vor Ablauf des Jahrzehnts einen Menschen auf dem Mond landen zu lassen und ihn danach wieder sicher zur Erde zurückzubringen. Im Ergebnis wurde daraufhin das nach dem griechischen Gott benannte Projekt Apollo ins Leben gerufen. Die Heirat mit der glamourösen Jacqueline, genannt Jackie, und die professionelle mediale Präsentation des Familienlebens sind ebenso hinzuzählen wie der frühe, allzu frühe Tod durch die Schüsse eines Attentäters am 22. November 1963 in Dallas, Texas.

Geht man von den persönlichen Faktoren über zum gesellschaftlichen Rahmen, so fallen die Jahre von Kennedys Präsidentschaft in die Zeit der sich immer stärker und nachdrücklicher formierenden Bürgerrechtsbewegung, es war die Zeit, in der sehr viele daran glaubten, sie könnten die Gesellschaft wirklich verbessern. Schon 1954 hatte der Oberste Gerichtshof (Supreme Court) die Rassentrennung in Schulen als Unrecht angesehen und ordnete deren Aufhebung an. Im August 1963 hat Martin Luther King beim Marsch auf

Washington seine berühmte Rede „I have a dream..."
gehalten. Bis zur Unterzeichnung des wichtigsten Bürger-
rechtsgesetzes der USA, des Civil Rights Act, sollte es
schließlich bis zum Juli 1964 dauern. Es dauerte also bis
zur Präsidentschaft Lyndon B. Johnsons bis ein Gesetz die
im Süden de jure bestehende Rassentrennung in öffentlichen Einrichtungen wie Hotels, Bussen, Zügen oder
sanitären Einrichtungen beseitigte. Für viele der
Hoffenden, Wünschenden, Träumenden und den nach
einem Aufbruch zu neuen Ufern Strebenden gab JFK die
Projektionsfläche ab, derer es bedurfte, um sich eine
bessere Welt vorzustellen.

Weltweite Anerkennung erwarb er außenpolitisch, als es
ihm im Oktober 1962 während der Kuba-Krise gelang, die
atomare Bedrohung durch auf der Karibikinsel installierte
Raketenbasen und Flugzeuge sowjetischer Provenienz
abzuwenden. Doch warum hat es zu diesem Szenario
kommen müssen? Es sei darauf hingewiesen, dass nach
der Vertreibung von Diktator Batista im Januar 1959 und
die Machtübernahme durch die kommunistische
Bewegung unter Fidel Castro wohl auch andere Optionen
bestanden hätten, als diejenige, die man als Reaktion auf
Verstaatlichung und Enteignungen US-amerikanischer
Vermögenswerte, gewählt hat. Die Invasion in der
Schweinebucht im April 1961 war nicht nur wegen ihres
Scheiterns eine törichte Idee, sondern sie trieb die
Kubaner auch geradewegs den Sowjets in die Arme.
Damit ist dann das politische Konfliktgebiet erfasst, das
die Welt zur Zeit des Kalten Krieges so sehr bestimmen
sollte: die Auseinandersetzung westlich geprägter

Demokratien mit den kommunistischen Ländern. Kennedy war von der Richtigkeit der Domino-Theorie überzeugt, nach der, sobald ein Land in einer Region auf Moskaus Seite überschwenkte, automatisch andere in der Nähe befindliche Länder folgen würden. Daher jetzt auch das beginnende Vietnam-Engagement der USA, wobei es Stimmen gibt, die dem gewieften Außenpolitiker Kennedy zugetraut hätten, das Desaster, in das Lyndon B. Johnson, der seine Vorzüge eher auf innenpolitischem Gebiet hatte, hineingestolpert ist, zu vermeiden.

Mors certa, hora incerta (Der Tod ist sicher, die Stunde ungewiss)

Beschäftigt man sich mit dem 22. November 1963, jenem Tag, der sich schon bald zum sechzigsten Mal jährt, so ist zunächst daran zu erinnern, dass die Warren-Kommission 1964 ihrer Überzeugung Ausdruck verliehen hat, Lee Harvey Oswald habe als Alleintäter gehandelt. Er selbst hat seine Täterschaft bestritten, wurde aber von dem Nachtclubbesitzer Jack Ruby erschossen, bevor die Strafverfolgungsbehörden sich präzisere Aufschlüsse verschaffen konnten. Es sind diese merkwürdigen Umstände, die über die Jahrzehnte Spekulationen und Zweifel genährt haben, es könnte alles ganz anders gewesen sein. Spekulationen und Annahmen sind allerdings keine gerichtsfesten Beweise. Die vielen Akten zum Fall, die gemäß dem JFK Records Act von 1992 nach einer Sperrfrist von 25 Jahren so gut wie vollständig vom Nationalarchiv veröffentlicht worden sind, haben zahlreiche zusätzliche interessante Einzelaspekte zu Tage befördert, eine umfängliche Neuinterpretation der Mordsache JFK ist indessen dadurch nicht ermöglicht worden und ausgeblieben.

8. Wettlauf in den Weltraum

Unterhalb einer gedachten Linie in 100 Kilometer Höhe über dem Meeresspiegel spricht man von Luftfahrt, darüber von Raumfahrt. Das Flugverhalten von Objekten, die es bis in diese Region schaffen, verändert sich dort oben grundlegend, da ein nennenswerter dynamischer Auftrieb nicht mehr stattfindet. Zu Ehren des 1881 in Budapest geborenen Physikers Theodore von Kármán spricht man in diesem Zusammenhang daher von der Kármán-Linie, um den fließenden Übergang von der Erdatmosphäre zum Weltraum zu bezeichnen.

Sich weit entfernt von der Erde bewegen zu können, ist ein uralter Menschheitstraum. Der brillante Erfinder und Baumeister Dädalos, der gemeinsam mit seinem Sohn Ikaros von König Minos auf der Insel Kreta gefangen gehalten wurde, konstruierte eine flugfähige Apparatur aus Wachs und Federn, um auf dem Luftweg zu entkommen. Doch der übermütige Ikaros kam der Sonne zu nah, das Wachs schmolz und der Unglückliche stürzte ins Meer. So will es der griechische Mythos. Die Romane des technikbegeisterten Jules Verne wenden sich im 19. Jahrhundert einem der Erde näher gelegenen Himmelskörper zu. Mit *„Von der Erde zum Mond"* und *„Reise um den Mond"* avancierte Verne zu einem der Ahnherren der Science-Fiction-Literatur und übte eine nicht zu unterschätzende Fernwirkung aus. Doch wann wurde der Weltraum tatsächlich und nicht nur in der Phantasie erreicht?

Peenemünde an der Ostsee im Jahr 1944

Die Anfänge der Raumfahrt haben viel mit der durch den 2. Weltkrieg gegebenen militärischen Situation zu tun. Während aus hunderten von Flugzeugen bestehende alliierte Bomberflotten in der Lage waren, deutsche Großstädte bei Tag und Nacht zu bombardieren, fehlte der Luftwaffe ein in großen Stückzahlen produzierter Langstreckenbomber, der im Luftraum über den Britischen Inseln dazu fähig gewesen wäre, eine ähnlich zerstörerische Wirkung zu entfalten. Der viermotorige schwere Bomber Heinkel He 177, von 1942 bis 1944 wurden rund 1100 Flugzeuge dieses Typs produziert, war dazu jedenfalls nicht in der Lage. Eine umso größere Bedeutung kam deshalb den V-Waffen zu, wobei „V" tatsächlich als Kürzel für Vergeltung zu verstehen ist.

In der im Norden der Insel Usedom gelegenen Heeresversuchsanstalt (HVA) Peenemünde wurde aus diesem Grund akribisch geforscht, konstruiert und getestet. Begleitet von öffentlichkeitswirksamer Propaganda aus dem von Joseph Goebbels geleiteten Ministerium wurde in Teilen der Bevölkerung tatsächlich der Glaube an die Wirksamkeit von Wunderwaffen mit Fernwirkung, die dazu imstande wären, das Kriegsglück noch einmal entscheidend zu deutschen Gunsten zu verändern, implementiert.

Während die V 1 ein unbemannter Lufttorpedo war, der ziemlich genau dem entspricht, was in der Gegenwart als Marschflugkörper (cruise missile) bekannt ist, handelte es sich bei der auch als Aggregat 4 bezeichneten V 2 um eine ballistische Rakete. Rüstungsminister Albert Speer hat in seinen 1969 erschienen *„Erinnerungen"* einen der ersten Starts beschrieben, wonach sich die Rakete mit dem Gebrüll eines ungezügelten Riesen langsam von ihrem Untersatz gehoben hätte, um für den Bruchteil einer Sekunde auf ihrem Feuerstrahl verharren zu scheinen und anschließend heulend in den niedrigen Wolken zu verschwinden. Wernher von Braun soll vor Freude gestrahlt haben Am 20. Juni 1944, genau zwei Wochen nach der alliierten Landung in der Normandie, hob eine V 2 mit der Typbezeichnung MW 18014 in Peenemünde ab, die eine Höhe von 175 Kilometer erreichte und somit das erste künstliche Objekt war, das in den Weltraum vorgedrungen ist. Die heimische Elite von Raketen-wissenschaftlern hatte damit unter Kriegsbedingungen etwas geschafft, was anderenorts noch niemandem gelungen war. Eine Wende des aktuellen Kriegsge-schehens konnten sie jedoch nicht mehr herbeiführen, doch was würde mit ihnen und ihren Forschungs-ergebnissen nach Kriegsende geschehen? Denn wie kaum anders zu erwarten, wurden anderenorts Begehrlich-keiten geweckt, am Erkenntnisfortschritt teilzuhaben.

Im Kalten Krieg

Die Systemkonkurrenz zwischen der östlichen Super-macht Sowjetunion und ihrem westlichen Gegenüber USA verschärfte sich zusehends, so dass mit dem Jahr 1947 die mehr als vier Jahrzehnte andauernde Ära des Kalten Krieges einsetzte. Die USA hatten 1945 mit dem

Einsatz von Atomwaffen in den japanischen Städten Hiroshima und Nagasaki nicht nur Tod und Zerstörung verbreitet, sondern waffentechnologisch ein gänzlich neues Kapitel aufgeschlagen. Die Sowjetunion zog bereits 1949 mit der ersten einsatzfähigen eigenen Atombombe nach. Wer nun über geeignete Trägerraketen verfügte, idealerweise in Form von Interkontinentalraketen, konnte - der immanenten Logik des Kalten Krieges folgend - Angst und Schrecken verbreiten, wie und wo es opportun erschien.

Mitentscheidend bei allen Fragen rund um die Raketenentwicklung in Ost und West wurde das Know-how der deutschen Experten. Rund 120 von ihnen befanden sich schließlich in den USA nebst wissenschaftlichen Unterlagen, Plänen, Modellen und Konstruktionszeichnungen. Dabei waren auch Walter Dornberger, Generalmajor der Wehrmacht und Kommandeur der Heeresversuchsanstalt Peenemünde, und nicht zuletzt Wernher von Braun, der mit der weiterentwickelten V 2, der Redstone, zum Vater der amerikanischen Raketenprogramme wurde. Von Braun wurde im Juli 1960 erster Direktor der NASA-Einrichtung Marshall Space Flight Center in Huntsville, Alabama, was eine wirklich erstaunliche Karriere für einen mit dem Ritterkreuz des Kriegsverdienstkreuzes mit Schwertern hochdekorierten ehemaligen SS-Sturmbannführer bedeutete.

Doch auch die Sowjets wussten sich des neuartigen Wissens zu bemächtigen, wie etwa der Historiker Bernd

Stöver in „*Der Kalte Krieg. Geschichte eines radikalen Zeitalters 1947-1991*" festgestellt hat. Demnach wurden in Thüringen gleich nach Kriegsende im Juni 1945 die dort befindlichen einschlägigen Produktionsanlagen von sowjetischen Wissenschaftlern, unter ihnen der spätere Staringenieur Sergej Koroljow, besichtigt. Grundstock der zunächst dort belassenen sowjetischen Raketenproduktion wurden die weitestgehend unzerstörten Werke der deutschen Flugzeug- und Raketenproduktion in Nordhausen. Da aufgrund der unmittelbaren geographischen Nähe zu den westlichen Besatzungszonen sowohl Probleme mit der Geheimhaltung als auch die Flucht von Spezialisten in den Westen befürchtet wurde, entschied sich der Kreml für eine Verlagerung nach Osten in die Sowjetunion. Im Rahmen der Operation Osowjachim wurden im Oktober 1946 daher das deutsche wissenschaftliche Personal und die deinstallierten Produktionsanlagen abtransportiert. Was nicht mehr benötigt wurde, ist systematisch zerstört worden.

In den 1950er und 1960er Jahren

Nach Stalins Tod im März 1953 konnte sich im Machtkampf mit Geheimdienstchef Lawrenti Beria schlussendlich Nikita Chruschtschow als neuer Herrscher im Kreml durchsetzen. Während des XX. Parteitages der KPdSU hat Chruschtschow am 25. Februar 1956 eine bemerkenswerte Geheimrede mit dem Titel „*Über den Personenkult und seine Folgen*" gehalten, in der es um eine schonungslose Abrechnung mit den Verbrechen der Stalinzeit ging. Das damit einhergehende innen- und außenpolitische Tauwetter schien eine gewisse Entspannung anzukündigen, da auf demselben Parteitag ebenfalls die neue außenpolitische Leitlinie von der friedlichen Koexistenz zwischen Staaten mit verschiedenartiger Sozialstruktur gebilligt worden ist. Jahre später wurde noch einmal klargestellt, dass Frieden und friedliche Koexistenz mitnichten identische Zustände seien. Das klassenkämpferische Element, der Wettbewerb untereinander existierte demnach unverändert weiter. Vor diesem Hintergrund ist die Ansprache von US-Präsident John F. Kennedy vom 10. Juni 1963 zu verstehen, in der dieser freimütig bekannte: *„Wir sind (...) willens und in der Lage mit jedem anderen System auf der Erde in einen friedlichen Wettstreit zu treten."*

Einstweilen hatten die Sowjets in puncto Raketen- und Weltraumtechnik die Nase vorn. Besonders deutlich wurde dies am 4. Oktober 1957 vor Augen geführt, als sie es mit Hilfe einer modifizierten Interkontinentalrakete vom Typ R-7 vom Weltraumbahnhof Baikonur aus schafften, den kugelförmigen künstlichen Satelliten Sputnik 1 in die Erdumlaufbahn zu befördern. Die darauf im Westen ausgelöste Reaktion wurde als Sputnikschock bekannt, das unangenehme Gefühl, dass selbst die USA von der Sowjetunion mit Atomwaffen befördernden Interkontinentalraketen erreichbar und damit keinesfalls sicher wären. Daraufhin wurde im Juli 1958 die NASA gegründet, denn zuvor hatten die Sowjets es hinbekommen, mit der dreijährigen Mischlingshündin Laika in Sputnik 2 am 3. November 1957 das erste Lebewesen in den Weltraum zu schicken. Vollends glaubte man in Moskau triumphieren zu können, als mit Juri Gagarin am 12. April 1961 im Zeichen von Hammer und Sichel und eben nicht stars and stripes der erste Mensch, der auch noch wohlbehalten und unversehrt zurück gelangte, mit dem Raumschiff Wostok ins All befördert werden konnte. Präsident Kennedy verlor dennoch nicht die Zuversicht und seine Ankündigung, noch vor Ende des Jahrzehnts den Mond vor den Russen zu betreten, ist am Ende des Tages genauso eingetreten. Am 20. Juli 1969 konnte mit Apollo 11 die erste Mondlandung erfolgreich durchgeführt werden.

Als wissenschaftliche und technische Leistungen verdienen alle frühen Raumfahrtmissionen Anerkennung und Respekt, einerlei von wem sie initiiert wurden. Als

Beleg und Maßstab für ein anderen gegenüber über-legenes Gesellschaftsmodell taugen sie jedoch nicht!

9. Der Kalte Krieg in 5 Filmen

Der Dritte Mann

Uraufführung: August 1949; Regie: Carol Reed; Originaltitel: The Third Man; s/w.

Die Dreharbeiten an den Originalschauplätzen in Wien begannen im Oktober 1948, die letzten Kampfhandlungen des Weltkriegs lagen gerade einmal dreieinhalb Jahre zurück. Schon zu Jahresbeginn ist der als Drehbuchautor verpflichtete Schriftsteller Graham Greene zu Recherchezwecken vor Ort gewesen. Was er sah, war eine von mehr als 50 alliierten Luftangriffen heimgesuchte Stadt, teilweise noch immer ein Trümmerfeld.

Österreich war von den Alliierten in insgesamt vier Besatzungszonen aufgeteilt worden: eine sowjetische, eine US-amerikanische, eine britische und eine französische. Wien seit September 1945 ebenso. Im Unterschied zum damals gleichfalls aus vier Sektoren bestehenden Berlin war das Stadtzentrum Wiens, der 1. Bezirk, von dieser Regelung ausgenommen. Hier wechselte turnusmäßig jeden Monat die Besatzungsmacht und die interalliierte Militärpolizei patrouillierte, um die öffentliche Ordnung aufrechtzuerhalten. Ihre Angehörigen, die im *„Dritten Mann"* etwa bei der vorläufigen Festnahme von Anna Schmidt (Alida Valli) wegen gefälschter Ausweispapiere gezeigt werden, sind als die Vier im Jeep bekannt geworden, obwohl später auch andere Fahrzeugtypen wie Dodge oder Pobjeda, eine russische Marke, Verwendung fanden. Der Auftritt des Quartetts von Militärpolizisten erfolgt, ähnlich der Zusammenarbeit von Major Calloway (Trevor Howard) und seinem sowjetischen Gegenüber, dem Offizier Brodsky, vor dem Hintergrund sich in der realen Welt zunehmend verschärfender internationaler Spannungen, die ihr theoretisches Fundament in Präsident Trumans Kongressrede im März 1947 und Andrei Schdanows Zwei-Lager-Theorie im September 1947 erhalten haben. Die Sperrung der Zufahrtswege nach Berlin ab Juni 1948, die Berlin-Blockade, ist bald danach zum vorläufig sichtbarsten und spannungsreichsten Ausdruck einer mehr als vierzig Jahre andauernden Ära geworden, kurz und knapp mit dem Begriff Kalter Krieg bezeichnet.

Zu Beginn der Filmhandlung kommt der amerikanische Autor billiger Unterhaltungslektüre Holly Martins (Joseph Cotten) nach Wien, um hier seinen alten Jugendfreund Harry Lime (Orson Welles), der ihm ein vages Jobangebot unterbreitet hat, zu treffen. Doch Lime ist tot, so wird behauptet. Erste Nachforschungen von Holly ergeben Ungereimtheiten bei der Klärung der Frage, wie sein Freund zu Tode gekommen ist. Eine im Polizeibericht nicht erwähnte Person, ein dritter Mann, soll neben zwei anderen am Unfallgeschehen in der Wiener Innenstadt Beteiligten anwesend gewesen sein. Eines Abends, nachdem Holly die Wohnung von Anna Schmidt, der Freundin Harry Limes, verlassen hat, sieht er den Totgeglaubten auf der Straße in einem Hauseingang versteckt. Eine anschließende Exhumierung des Grabes kommt zu dem Ergebnis, dass ein anderer, ein gewisser Joseph Harbin, vermisster Mitarbeiter in einem Militärhospital, dort begraben wurde. Da Hollys offensichtlich quicklebendiger Jugendfreund durch Major Calloway erneut der Schieberei mit verunreinigtem Penicillin, was für die mit dieser teuflischen Mixtur Behandelten fürchterliche Folgen mit sich brachte, bezichtigt wird, beschließt er den Gesuchten zu treffen. Es kommt zur Begegnung im Riesenrad des Prater.

Harrys ambivalenter Charakter offenbart sich in der Kabine hoch droben im Riesenrad, indem er gleichzeitig einen Anflug von Sympathie für den Jugendfreund erkennen lässt und andererseits auf die von ihm mitgeführte Pistole hinweist. Die Polizei würde bei einem Sturz aus dieser Höhe wohl kaum noch nach Schusswunden suchen. Einige fragwürdige Bemerkungen über Wert und Bedeutung des menschlichen Individuums schließt er mit der berühmten Kuckucksuhr-Rede ab: *"In Italien, in den 30 Jahren unter den Borgias hat es nur Krieg gegeben, Terror, Mord und Blut. Aber dafür gab es Michelangelo, Leonardo da Vinci und die Renaissance. In der Schweiz herrschte brüderliche Liebe. 500 Jahre Demokratie und Frieden. Und was haben wir davon? Die Kuckucksuhr!"*

Wenig später kommt es zur durch Verrat ausgelösten finalen Verfolgungsjagd, die ihr Ende in der Kanalisation der Stadt findet. Der wie ein wildes Tier gehetzte Harry stirbt durch einen Schuss aus der Waffe seines alten Freundes, der keine Loyalität mehr aufzubringen vermochte. Die Schlussszene spielt auf dem Zentralfriedhof. Anlass ist Harrys nunmehr tatsächliche Beerdigung. Anna Schmidt geht die endlose Allee entlang und würdigt Holly Martins keines Blickes mehr. Über den Tod hinaus ist sie loyal geblieben.

Der „Dritte Mann" mit seinem durch schräge Kameraperspektiven und expressionistische Schattenwürfe bestimmten visuellen Stil entzieht sich einer eindeutigen Genrezuordnung. Mal wird er als Film noir, mal als Thriller oder als Kriminalfilm gedeutet. Klar positioniert hat sich dagegen das British Film Institute. 1999 wählte es den *„Dritten Mann"* zum größten britischen Film aller Zeiten.

Apocalypse Now

Uraufführung: Mai 1979; Regie: Francis Ford Coppola; Originaltitel: Apocalypse Now; Farbe.

Der Schriftsteller Joseph Conrad war ein weitgereister Mann. Als Kapitän von Handelsschiffen in der zweiten Hälfte des 19. Jahrhunderts hat er die Ozeane befahren und viel von der Welt gesehen, insbesondere ist ihm Südostasien und Afrika nicht unbekannt geblieben. Als er seinen Brotberuf nicht mehr ausüben konnte, hat er sich dem Schreiben zugewendet und 1899 ist seine Erzählung *„Das Herz der Finsternis"* (engl. *„Heart of Darkness"*) entstanden. Eine Schiffsreise auf dem Fluss Kongo wird hier unternommen, um den Leiter einer Handelsstation, einen gewissen Kurtz, aufzusuchen.

Im Film *„Apocalypse Now"* steht ebenfalls eine Schiffsreise im Mittelpunkt des Geschehens und wieder wird ein gewisser Kurtz gesucht. Allerdings handelt es sich bei diesem Kurtz nicht um den Leiter einer afrikanischen Handelsstation, sondern um einen Colonel der US. Army. Walter E. Kurtz, als Green Beret Angehöriger der Special Forces, ist ins Fadenkreuz der Generalität geraten, weil die von ihm angewandten Methoden während des Vietnamkriegs im Jahr 1969 nicht mehr länger toleriert werden. Daher wird Captain Willard (Martin Sheen) damit beauftragt, ihn zu liquidieren. Die Reise auf dem Nung-

Fluss beginnt Willard auf dem Patrouillenboot Street Gang, das ihn auf kambodschanischem Staatsgebiet irgendwo absetzen soll. Sofern man bis dahin gelangt. Denn das Unternehmen ist überaus gefährlich. Als Begleitschutz dienen die Hubschrauberbesatzungen der 1. Cavalry Division, die von dem extravaganten von Robert Duvall dargestellten Offizier Kilgore (*„Ich liebe den Geruch von Napalm am Morgen.“*) angeführt werden. Während Willard das ihm mitgegebene Dossier über Kurtz (Marlon Brando) immer weiter studiert, kommen ihm angesichts des täglichen Grauens, das ihn umgibt, Zweifel am Sinn seiner Mission.

Vietnam, das seit der Genfer Indochinakonferenz 1954 entlang des 17. Breitengrades in einen nördlichen kommunistischen und einen südlichen eher an westlichen Vorstellungen orientierten Landesteil zergliedert worden ist, war davor Bestandteil des französischen Kolonialgebiets Indochina, zu dem auch Laos und Kambodscha gehörten. Im von 1946 bis 1954 erbittert geführten Kolonialkrieg konnten sich die Viet Minh mit sowjetischer und chinesischer Unterstützung gegen die französischen Kolonialtruppen durchsetzen. Entscheidend war deren Niederlage in der Schlacht bei Dien Bien Phu. Die ideologischen und militärischen Auseinandersetzungen zwischen Nord- und Südvietnam gingen jedoch im Grunde genommen unvermindert weiter. Solange die Großmächte nur logistische und materielle Unterstützung leisteten, kann dabei noch von einem Stellvertreterkrieg gesprochen werden. Dies ist seit 1964 mit dem Erlass der Tonkin-Resolution unter Präsident Johnson und der massiven Verstärkung US-amerikanischer Präsenz im Land jedoch nicht mehr der Fall gewesen. 1969, im Jahr von Captain Willards Reise auf dem Nung-Fluss, befinden sich schließlich rund 480.000 amerikanische Soldaten im Land. Sie sind hier, weil einerseits die von Präsident Truman 1947 erklärte Politik der Eindämmung (Containment) und die von seinem Nachfolger Eisenhower 1954 verkündete Domino-Theorie die entscheidenden handlungsleitenden theoretischen Maßstäbe jeder amtierenden US-Regierung bildeten, und zwar aller fünf am Vietnamkrieg beteiligten. Die Domino-Theorie ging dabei von der Vorstellung aus, dass allein die geographische Nähe eines kommunistischen Landes und die populistische Kraft der Ideologie dafür ausreichen würden, dass alle Länder in der Nähe wie bei einer Kette von Dominosteinen umfallen würden, um sich von der westlichen Welt abzuwenden.

Deshalb waren die US-Soldaten in Vietnam. Um zu verhindern, dass die Domino-Theorie Realität würde. Deshalb war auch Captain Willard auf seinem Patrouillenboot unterwegs, um seinen Auftrag auszuführen. Neben *„Die durch die Hölle gehen"* (engl. *„The Deer Hunter"*, 1978) von Michael Cimino ist *„Apocalypse Now"* zum Thema Vietnamkrieg nach wie vor die faszinierendste filmische Verarbeitung der Ereignisse. Besonders sehenswert ist die 2001 erschienene als *„Apocalypse Now Redux"* veröffentlichte 50 Minuten längere Schnittversion des Regisseurs Coppola.

Thirteen Days

Uraufführung: Januar 2001; Regie: Roger Donaldson; Originaltitel: Thirteen Days; Farbe und s/w.

Nachdem die Sowjets im Herbst 1957 als erste einen künstlichen Satelliten in den Weltraum befördert hatten, kam es zum sogenannten Sputnikschock, dem auch in den USA weit verbreiteten Gefühl nicht mehr völlig sicher zu sein, da aus der UdSSR gestartete und mit atomaren Sprengköpfen versehene Interkontinentalraketen nahezu überall ihr zerstörerisches Werk verrichten könnten. Als mit dem Kosmonauten Juri Gagarin im April 1961 der erste Mensch in den Weltraum geschickt wurde, triumphierte die Vormacht des Warschauer Paktes erneut. War man in puncto Weltraum- und Raketentechnik konkurrenzfähig genug, so wurde gefragt. Natürlich war man es, es gab weder eine Bomber- noch eine Raketenlücke. Die USA befanden sich hinsichtlich ihres eigenen atomaren Abschreckungspotenzials sogar bei weitem im Vorteil. Zudem hatte man von 1959 an in der Nähe der türkischen Stadt Izmir 15 Mittelstreckenraketen vom Typ PGM-19 Jupiter mit Ziel Sowjetunion stationiert. Auf diesem Wege mochte es im Falle des Falles gelingen, die langen Vorwarnzeiten, die seinerzeit bei Interkontinentalraketen ungefähr eine halbe Stunde Zeit zum Ergreifen von Abwehrmaßnahmen ermöglichten, um ein Mehrfaches zu reduzieren. Wenige hundert Kilometer Flugphase waren gleichbedeutend mit nur noch fünf Minuten Vorwarnzeit. Wie würde Washington reagieren, wenn bekannt würde, dass auf das

Gebiet der USA selbst derartige Waffensysteme gerichtet wären?

Genau hier setzt der fast gänzlich ohne Actionszenen realisierte Politthriller *„Thirteen Days"* an. Innerhalb der Zeitspanne von dreizehn Tagen im Oktober 1962 geriet die Welt in der Kubakrise ganz nah an den Abgrund eines mit atomaren Waffen geführten Krieges. Es begann damit, dass am 14. Oktober 1962 ein sich über der Karibikinsel Kuba befindliches amerikanisches Aufklärungsflugzeug Fotos gemacht hat, deren Auswertung zu der Erkenntnis führte, dass die Sowjets hier vor Ort dabei behilflich waren, Stellungen für Raketen mit Atomsprengköpfen zu errichten. Nur 170 Kilometer von Florida entfernt. *„Thirteen Days"* zeigt die sich daraufhin entwickelnde hektische Betriebsamkeit auf den Fluren und in den Amtszimmern des Weißen Hauses. Im Mittelpunkt des Geschehens stehen Präsident John F. Kennedy (Bruce Greenwood), sein Bruder, Justizminister Robert Kennedy, Verteidigungsminister Robert McNamara und die einflussreichen Berater Ted Sorensen, McGeorge Bundy und der von Kevin Costner gespielte Kenneth O´Donnell.

Was war zu tun und welche Maßnahmen müssten zum Schutz der Bevölkerung vor der wahrscheinlichen militärischen Aggression ergriffen werden? Um die adäquate Beantwortung dieser Fragen kreisen die messerscharfen Dialoge des Films. Die Militärs, insbesondere der Stabschef der Air Force, General Curtis LeMay, fordern rasches Eingreifen und die Zerstörung der

Raketenstellungen auf Kuba. Doch sie können nicht garantieren, dass alle Gefahrenherde ausgeschaltet werden. Es besteht selbst nach einem erfolgreichen US-Angriff auf Kuba die Möglichkeit, dass einige Atomraketen amerikanisches Festland erreichen und ihr zerstörerisches Werk verrichten.

Während gezeigt wird wie Präsident Kennedy verschiedene Handlungsoptionen auslotet, verschärfen die militärischen Hardliner und ebenso eine kritische Öffentlichkeit den Druck zusehends. Die Idee einer Seeblockade nimmt schließlich Gestalt an. Kein sowjetisches Schiff, das militärische Ausrüstungsgegenstände an Bord hat, soll Kuba noch erreichen dürfen. Aus völkerrechtlichen Gründen muss die Blockade als Quarantäne „verkauft" werden. Erste Schiffe drehen bei, doch andauernd besteht die Gefahr fort, dass die Situation eskaliert.

Am Ende sehen sowohl Nikita Chruschtschow in Moskau als auch sein Washingtoner Gegenüber ein, dass ein Kompromiss unumgänglich ist. Die Sowjets erklären ihre Bereitschaft, die Atomraketen aus Kuba abzuziehen, und die USA verzichten auf eine Invasion von Fidel Castros Insel. Dass mit etwas zeitlicher Verzögerung auch die US-Mittelstreckenraketen aus der Türkei abgezogen wurden, erfährt die Öffentlichkeit erst sechs Jahre später. Gesichtswahrung ist gleichermaßen im Kreml wie im Weißen Haus Trumpf.

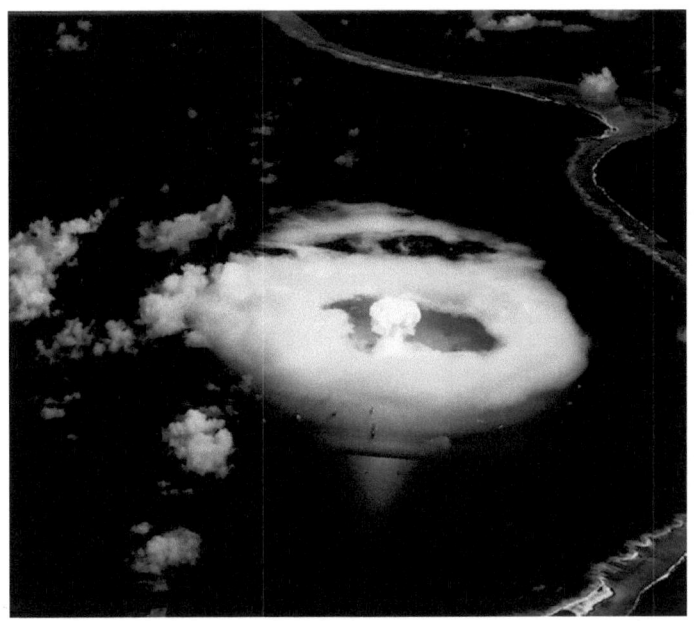

In „*Thirteen Days*" dominiert die amerikanische Sicht der Dinge, nicht die sowjetische und schon gar nicht die kubanische. Die dramaturgisch hochspannende Verdichtung der komplexen Materie macht aus dem Film gleichwohl ein sehenswertes Lehrstück über die Mechanismen und Fallstricke internationaler Politik in Krisenzeiten.

Children of Glory

Uraufführung: Oktober 2006; Regie: Krisztina Goda; Originaltitel: Szabadság, szerelem; Farbe.

Budapest im Herbst 1956. Karcsi Szabó ist ein begabter Wasserballspieler Anfang zwanzig. Mit seinem Team bereitet er sich gerade auf die im November im australischen Melbourne beginnenden Olympischen Sommerspiele vor. Die Ziele sind hochgesteckt, die Erwartungen ebenfalls, immerhin ist Ungarn bereits vor vier Jahren in Helsinki Olympiasieger in dieser Sportart geworden und geht damit als amtierender Titelverteidiger ins Rennen.

Eher zufällig gerät Karcsi auf eine Kundgebung in der Universität, wo er die etwa gleichaltrige Studentin Viki Falk kennenlernt. Am nächsten Tag, es ist der 23. Oktober 1956, begegnen sie sich bei einem friedlichen Protestmarsch durch die Straßen von Budapest wieder. Ein bereits Mitte des Monats vorgelegter Forderungskatalog, in dem die Unzufriedenheit der Studenten mit der moskauhörigen kommunistischen Regierung artikuliert wurde, zeigt worum es ihnen geht. Der Reformer Imre Nagy soll zum Ministerpräsidenten ernannt werden und den verhassten Ernö Gerö ablösen. Damit nicht genug. Verlangt werden freie Wahlen, ein Mehrparteiensystem, bürgerliche Freiheiten, die Wiederherstellung der nationalen Unabhängigkeit der Wirtschaft und die Wiedereinführung der ungarischen Nationalsymbole und -feiertage.

„Children of Glory" befindet sich mit diesen Szenen am Anfang des Geschehens und der Ereignisse, die als Ungarnaufstand allgemeine Bedeutung erlangt haben. Als Akt des Aufbegehrens im Zeichen der Freiheit gegen

staatliche Unterdrückung und Repression. Zu Beginn des Jahres 1956 hat der Kremlherrscher Nikita Chruschtschow auf dem XX. Parteitag der KPdSU eine bemerkenswerte Geheimrede mit dem Titel *„Über den Personenkult und seine Folgen"* gehalten, eine schonungslose Abrechnung mit den verwerflichen und verbrecherischen Aktivitäten seines verstorbenen Amtsvorgängers Stalin. Auf verschlungenen Pfaden gelangte der geheime Redetext im Sommer desselben Jahres in die Hände der westlichen Presse, die bereitwillig druckte. Eine Phase des Tauwetters schien eingeleitet zu sein, ein Eindruck der auch jenseits des Eisernen Vorhangs im östlichen Mitteleuropa weitere Verbreitung fand. In diesem Zusammenhang begehrten im Juni Arbeiter in Polen, vor allem in Posen, gegen Normerhöhungen und wirtschaftliche Probleme auf. Doch wie einige Jahre zuvor in der DDR schlug die Staatsmacht mit Waffengewalt zurück.

Die beiden Hauptpersonen, Viki und Karcsi, beteiligen sich in den kommenden Tagen an dem schicksalhaften Auf und Ab aus aufkeimenden Hoffnungen auf Veränderung, ausgelöst durch vermeintlich nachhaltige Zugeständnisse der Regierung wie dem erklärten Austritt aus dem Warschauer Pakt, dem Bekenntnis zur Neutralität und dem vorübergehenden Abzug der zwischenzeitlich zu Hilfe geeilten russischen Panzer, was nur ein Täuschungsmanöver war. Sie werden schließlich Zeugen, fast selbst Opfer, der Beschießung von friedlich Demonstrierenden durch die berüchtigte ungarische Geheimpolizei ÁVH.

Und ihre Wege trennen sich wieder. Viki erlebt die nachfolgende Eskalation am eigenen Leib. Nachdem die russischen Panzer zurückgekehrt sind, um eine Entscheidung im Sinne Moskaus zu erzwingen, wendet sich nach schweren Straßenschlachten wieder das Bild. Trotz erbitterten Widerstands, trotz erfolgreichen Einsatzes von Molotow-Cocktails haben die ungarischen Straßenkämpfer, Viki oft an vorderster Front, gegen die geballte Macht der Roten Armee keine Chance.

Der wieder zu seinem Wasserballteam zurückgekehrte Karcsi dagegen ist mittlerweile in Melbourne bei den Olympischen Spielen angekommen. Ungarns Gegner im Halbfinale ist die Sowjetunion. Im wohl unfairsten Spiel in der Geschichte dieser Sportart, bekannt und berüchtigt als Blutspiel von Melbourne, und unter dem frenetischen Jubel von das Stadion zum Bersten füllenden ungarisch stämmigen Australiern und anderen Sympathisanten setzt sich Karcsis Team mit 4:0 durch. Ein Sieg in der Niederlage!

Während der Westen tatenlos zugesehen hat, verloren mehr als 3000 Menschen im Aufstand ihr Leben. *„Children of Glory"*, wahrscheinlich die erfolgreichste Produktion des ungarischen Kinos überhaupt, hat ihrem Widerstand gegen Unterdrückung ein filmisches Denkmal gesetzt!

Dame, König, As, Spion

Uraufführung: September 2011; Regie: Thomas Alfredson; Originaltitel: Tinker, Tailor, Soldier, Spy; Farbe.

Abseits der bei James Bond gepflegten Debatten um geschüttelte oder gerührte Martinis oder dem Glamour schneller und mit allerlei Sperenzchen ausgestatteter Sportwagen hat der kürzlich verstorbene Schriftsteller John Le Carré die Welt der Geheimdienste und die ihres Tagesgeschäfts von Spionage und Spionageabwehr sehr viel nüchterner beschrieben. Bereits in seinem Erstlingswerk *„Schatten von gestern"* (engl. *„Call for the dead"*, 1961) hat er die Figur des in schlecht sitzende Anzüge gekleideten, eine Art Anti-Held mit messerscharfem Verstand abgebenden George Smiley eingeführt. Im Auftaktband der Karla-Trilogie mit dem Titel *„Dame, König, As, Spion"* von 1974, der Grundlage der gleichnamigen Verfilmung, erfährt Smiley, dass Geheimdienstmitarbeiter wie er nicht unersetzlich sind. Er ist entlassen worden.

Das hat viel mit der Unruhe im Circus genannten britischen Geheimdienst zu tun, einer Unruhe, die seit dem Tod des alten Chefs, genannt Control (John Hurt), nicht geringer geworden ist. Controls Nachfolge hat Percy Alleline, ein aus Schottland stammender opportunistischer Karrierist, angetreten. Die Führungsspitze besteht zusätzlich aus Bill Haydon (Colin Firth), Roy Bland und Toby Esterhase. Sie arbeiten in dem Glauben zusammen, durch die Operation Witchcraft exzellentes und für westliche Geheimdienstarbeit sehr wertvolles Material aus der Sowjetunion erlangen zu können. Insbesondere Alleline glaubt, dadurch die Beziehungen zu den US-Amerikanern *(„Unsere Vettern")* stärken und verbessern zu können. Dass die Beziehungen überhaupt als verbesserungswürdig angesehen wurden, hat viel mit Störungen im transatlantischen Verhältnis zu tun, die es in der Realität damals tatsächlich gab. Zurückzuführen waren sie auf die endgültige Enttarnung des für Moskau auch in Washington und anderenorts in den USA spionierenden Kim Philby, zeitweise Träger des Order of the British Empire, im Jahr 1963. Die Schockwellen innerhalb des britischen Establishment, dass einer aus ihrem eigenen Kreis mit einem Examen aus Cambridge in Wirtschaftswissenschaften sie über mehrere Jahrzehnte verraten hatte, hallten noch jahrelang mit unverminderter Wucht nach. Von den bis in unsere Gegenwart berüchtigten Cambridge Five ist Kim Philby der wohl bedeutendste Doppelagent gewesen.

Zurück zum Film: Inzwischen hat Oliver Lacon, ein dem Minister nahestehender Beamter des Außenministeriums, über den zeitweise verschwundenen Außenagenten Ricki Tarr (Tom Hardy) beunruhigende Nachrichten empfangen. Im Circus soll ein Maulwurf, ein Doppelagent, sein Unwesen treiben. George Smiley (Gary Oldman) wird deshalb gemeinsam mit Peter Guillam (Benedict Cumberbatch) einbestellt und reaktiviert, um den Wahrheitsgehalt der Informationen zu überprüfen. Bei einem gemeinsamen Besuch in Controls verlassener Wohnung stellen sie fest, dass der alte Chef denselben Verdacht gehegt hat. Spielfiguren sind mit Fotographien der gesamten Führungsclique des Geheimdienstes beklebt worden: Eben Dame, König, As, Spion.

Hier könnte man nun den Einwand erheben, dass professionelle Nachrichtendienstleute von Berufs wegen unter mehr oder weniger ausgeprägten Formen von Verfolgungswahn leiden, was vermutlich nicht so weit entfernt von der Wirklichkeit ist. Doch die weiteren Nachforschungen und Ermittlungen erhärten den Verdacht, dass etwas nicht stimmt.

Die vorzugsweise unterschiedlichen Schattierungen von Brauntönen aufweisende Verfilmung der Romanvorlage fängt die Atmosphäre der frühen 1970er Jahre mit ihren eigentümlichen Einrichtungsgegenständen, der vorherrschenden Mode und den seinerzeit üblichen Büroabläufen in der analogen Welt überzeugend ein. Als der Verräter schließlich überführt und gefasst wird, wird er von einem ehemaligen Kollegen und Freund aus der Distanz mit einem Scharfschützengewehr erschossen.

„Dame, König, As, Spion" ist jedoch kein Geschichtsunterricht zum Thema, wie die Welt der Spione vor knapp fünfzig Jahren funktioniert hat. Vielmehr wird letztlich die Frage aufgeworfen, wem oder was gegenüber sich Menschen loyal oder illoyal verhalten. Ist es der Glaube an eine Religion oder Ideologie, ist es die Verbundenheit mit dem Heimatland, dem Staat oder der Firma, der Organisation gegenüber, für die man arbeitet? Sind es Freunde, Familie oder Verwandte? Damit berührt John Le Carré und mit ihm der Film eine der Grundfragen der menschlichen Existenz. Einfache Antworten darauf sind wohl nur schwer zu finden.

Zum Schluss

Zahllose Filme sind zum Hauptthema dieses Kapitels gedreht worden. Allerdings erreichen nicht allzu viele von ihnen ein ähnliches Maß an ästhetisch-künstlerischer Qualität und inhaltlicher Tiefe wie die fünf hier vorgestellten. Auch wenn die Zeit des bipolaren Blockdenkens nunmehr seit dreißig Jahren selbst Geschichte ist, haben die Jahre von 1947 bis 1991 einige überzeitliche Botschaften für unsere Gegenwart bereitgestellt.

Die bei allen Unterschieden vergleichbaren Volksauf-stände in der DDR 1953, in Ungarn 1956 und der Prager Frühling in der Tschechoslowakei 1968 haben gezeigt, dass staatliche Unterdrückung und Repression nicht unbegrenzt und dauerhaft ertragen werden. Unabhängig von der Frage, ob alles in den richtigen Bahnen verlaufen ist, hat der Arabische Frühling 2011 gezeigt, dass autoritäre Obrigkeiten bei zunehmender digitaler Vernetzung von größeren Bevölkerungsgruppen in Schwierigkeiten geraten können. Am Ende bleibt vielleicht nur die Flucht ins Ausland, wie im Falle des tunesischen Autokraten Ben Ali gesehen. Wo wird man in Zukunft die nächste Aufstandsbewegung erleben?

Die in Behördenapparaten institutionalisierte Arbeit von Geheimdiensten ist grundsätzlich erst nach dem 2. Weltkrieg entstanden. Die Existenz einiger älterer Vorläuferorganisationen wie beispielsweise im Vereinigten Königreich widerspricht dem nicht, wenn man sich die Gründungsdaten von CIA (1947), NSA (1952), BND (1956) anschaut. Während das Unterbringen von Maulwürfen in gegnerischen Diensten nach wie vor eine wichtige Rolle spielt, um dem einen Staat gegenüber einem anderen Vorteile zu verschaffen, ist ein weiteres Thema in den vergangenen dreißig Jahren immer wichtiger geworden. Gemeint sind die durch die Digitalisierung vorangetriebenen Möglichkeiten der Nachrichtendienste zur Datenspeicherung und Informationsgewinnung mit - wie seit Edward Snowden bekannt ist - unklaren und schwer kalkulierbaren Konsequenzen für die Gesamtheit unbescholtener Bürgerinnen und Bürger.

Und schließlich: Die Möglichkeit eines atomar geführten Krieges ist in der Kubakrise 1962 erörtert und als nicht durchführbar erkannt worden. Es bleibt zu hoffen, dass nie der Tag eintritt, dass dies anders gesehen wird.

10. Südostasiatisches Dilemma

Kolonialismus und Kriege

Der im August 1964 von nordvietnamesischen Schnell-
booten mit Torpedos gegen Schiffe der US Navy im Golf
von Tonkin vorgetragene Angriff hat stattgefunden, ohne
dass es dabei zu Beschädigungen oder Zerstörungen
gekommen wäre. Für den auf den ermordeten John F.
Kennedy nachfolgenden neuen US-Präsidenten Lyndon B.
Johnson war damit dennoch die Grundlage für ein über
die Entsendung von Beratern hinausgehendes aktives
militärisches Eingreifen seines Landes in die Geschicke
der seit der Genfer Indochinakonferenz 1954 am 17.
Breitengrad getrennten westpazifischen Anrainerstaaten
Nord- und Südvietnam gegeben. Denn in den Fluren und
Amtszimmern des Weißen Hauses wie auch anderenorts
in Washington D.C. wurde gemäß der handlungsleitenden
Domino-Theorie ernsthaft befürchtet, dass die An-
ziehungskraft der kommunistischen Ideologie ausrei-
chend genug wäre, um schnell von einem Staat auf den
nächsten überspringen zu können. Ein Dominostein
würde für das Umfallen des nächsten sorgen. Das
kommunistische Nordvietnam würde demnach das eher
westlich orientierte Südvietnam zu Fall bringen. Daher
gingen im März 1965 drei Bataillone US-Marine-
infanteristen in Da Nang, unweit der alten Kaiserstadt
Hue, an Land, womit erstmals reguläre Bodentruppen,
denen viele weitere folgten, ins Geschehen vor Ort
involviert waren. Ein erfolgreicher Eingriff der Super-

macht USA mit ihren schier unermesslichen Waffen-
arsenalen und der vorhandenen technologischen
Überlegenheit stand für die Weltöffentlichkeit außer
Frage. Als jedoch zehn Jahre später im April 1975 die
letzten Helikopter mit um ihr Leben fürchtenden, zur
Flucht Entschlossenen an Bord vom Dach der Saigoner
US-Botschaft und einem von der CIA genutzten
Gebäudekomplex starteten, war das Unerwartete und
jenseits allgemeiner Vorstellungskraft Liegende
geschehen: Die spärlich ausgerüsteten und ausgemer-
gelten Dschungelkrieger von Ho Chi Minh, des
Begründers der Kommunistischen Partei Indochinas und
Sohn eines konfuzianischen Gelehrten, hatten sich
durchgesetzt. Das Ende des besser als Vietnamkrieg
bekannten Zweiten Indochinakrieges schuf somit die
Voraussetzung für eine kurz darauf erfolgende Wiedervereinigung der beiden geschundenen Landeshälften zu
einem einzigen Staat.

Während des 2. Weltkriegs in der ersten Hälfte der
1940er Jahre hat sich die Situation in Vietnam noch
vollkommen anders dargestellt. Die schon damals
fremdbeherrschten und nach Unabhängigkeit strebenden
Partisanen desselben Ho Chi Minh wurden vice versa von
den USA im gemeinsamen Kampf gegen das japanische
Kaiserreich, dessen in der Achse mit dem Deutschen
Reich und Italien verbündete Militär Vietnam seinerzeit
an strategisch bedeutsamen Orten besetzt hielt, mit
Waffen und Ausrüstung unterstützt. Weil die Japaner sich
ihrerseits noch bis ins Jahr 1945 hinein auf weitgehend
funktionstüchtige Strukturen der etablierten franzö-

sischen Kolonialverwaltung vor Ort stützen konnten, möchte ich zunächst der Frage nachgehen, was es mit der französischen Präsenz ursprünglich auf sich gehabt hat.

Frankreich in Indochina

Das französische Kaiserreich unter Napoleon III. begann ab 1858 seine kolonialen Positionen in Cochinchina, Annam und Tonkin, den drei Landesteilen Vietnams, auszubauen. Gemeinsam mit den heutigen Ländern Laos und Kambodscha wurde daraus ab 1887 die Union Indochinoise gebildet, die auch als Französisch-Indochina bekannte Perle französischen Kolonialbesitzes überhaupt. Inwieweit die europäischen Neuankömmlinge tatsächlich von dem mehrfach behaupteten Gedanken einer zivilisatorischen Mission erfüllt waren, muss dahingestellt bleiben. Sofern dabei rhetorische Überhöhung im Spiel gewesen sein mag, unbestreitbar hielten französische Sprache und Kultur nebst dem Aufbau eines öffentlichen Schulsystems ihren Einzug an den Ufern des Mekong. Und nicht nur dort. Jürgen Osterhammel zufolge wurde das im Norden des Landes gelegene Hanoi zu einer der am verblüffendsten europäisch aussehenden Kolonialhauptstädte der Welt überhaupt. In *„Die Verwandlung der Welt"* hat der bekannte Historiker dazu ausgeführt, dass hier vor Ort neben Regierungsbauten und einer ungewöhnlich protzigen und hässlichen Kathedrale, ein Bahnhof, ein Opernhaus nach Pariser Vorbild, ein Gymnasium, ein berüchtigtes Gefängnis, eine technisch bemerkenswerte Brücke über den Roten Fluss, Klöster und Konvente sowie

Kaufhäuser mit Glaskuppeln wiederum nach Pariser Art entstanden sind. Zusätzlich zu den üblichen Villen der wichtigsten Bürokraten und Großkaufleute habe es für das niedere französische Personal gleichförmige vorstädtische Wohnsiedlungen gegeben. Mit großer symbolischer Brutalität seien die krassesten Monumente des Kolonialismus, der Gouverneurspalast und die Kathedrale, auf dem Gelände abgerissener Pagoden und konfuzianischer Examensgebäude errichtet worden. Im Unterschied zu den Briten, die in Kalkutta die koloniale Neustadt neben der einheimischen Altstadt aufgebaut hatten, setzte sich die französische Kolonialmacht an deren Stelle. Dabei sind zahlreiche Straßen und Plätze nach Helden der französischen Eroberung Indochinas benannt worden. Der Baustil der kolonialen Gründerzeit habe keinerlei Zugeständnisse an die traditionelle asiatische Formensprache gemacht. Mehr noch: In Saigon hatten sich die Kolonisten, getragen vom Hochgefühl der eigenen kulturellen Überlegenheit, sogar ganz offen gegen vietnamesische Bauzitate gestellt. Es war der Glanz Frankreichs, der unverfälscht strahlen und seine zivilisierende Wirkung verbreiten sollte. Im Ergebnis wurden korinthische Säulen, Neugotik und Frühbarock bedenkenlos gemischt, eine weitgehend unreflektierte Übertragung des in Europa gerade modischen historistischen Architekturstils.

Während die Einheimischen durchaus elementaren Rechtsschutz genossen, waren ihnen politische Mitspracherechte vorenthalten. Von dieser offensichtlichen Benachteiligung betroffen waren um 1850 rund 10

Millionen Menschen, um 1900 rund 16 Millionen und um 1948 rund 27,5 Millionen, die in Indochina lebten. Ihnen gegenüber stieg die Bevölkerungszahl der Franzosen, von denen ungefähr die Hälfte Angestellte der Kolonialverwaltung waren, von rund 24.000 um 1900 auf rund 34.000 im Jahr 1940. Was zog sie hierher?

Ökonomie

Wer den Blick auf einige wirtschaftliche Kennziffern in der Gegenwart wirft, kommt nicht umhin, insbesondere der Landwirtschaft eine bemerkenswerte Leistungsfähigkeit zu attestieren. Im Jahr 2019 war Vietnam mit einem Volumen von fast 1,7 Millionen Tonnen weltweit hinter Brasilien und noch vor Kolumbien zweitgrößter Kaffeeproduzent, wobei die ersten Kaffeepflanzen 1857 von europäischen Siedlern ins Land gebracht worden sind. Im vor Ankunft der französischen Kolonialmacht nur dünn besiedelten Mekongdelta samt seinem Hinterland mit dem charakteristischen tropischen Klima entstand bereits im 19. Jahrhundert eine dynamische Reisexportwirtschaft. Weltweit war Vietnam 2019 fünftgrößter Produzent von Reis, während bei den Agrarprodukten Tee und Naturkautschuk jeweils die sechstgrößten Ernten eingefahren wurden. Speziell beim Naturkautschuk wirkte sich das 1839 von James Goodyear erfundene Verfahren der Vulkanisation aus, wodurch plastischer Naturkautschuk in elastisches Gummi umgewandelt werden konnte. Im Bemühen um Vollständigkeit darf allerdings auch die damalige Wichtigkeit des heutzutage illegalen Anbaus von Schlafmohn nicht unerwähnt bleiben. Das daraus gewonnene Opium erfreute sich als Schmerz-, Schlaf- und Betäubungsmittel allgemeiner Verbreitung, ließ aber viele Konsumenten als lebenslang Süchtige zurück.

Die Kolonisten waren, soviel lässt sich sagen, sehr an der Gewinnung agrarischer Rohstoffe und deren Export interessiert. Für den Anbau bediente man sich großflächiger Plantagen, die durch den Dschungel geschlagene Pisten, systematisch angelegte Straßen und Eisenbahnlinien mit den notwendigen Infrastrukturen von Fluss- und Seehäfen verbunden waren. Natürlich ist es in Ermangelung aussagekräftiger Statistiken schwierig, das damalige Wohlstandgefälle zwischen Kolonie und Mutterland zu quantifizieren. Der britische Ökonom Angus Maddison hat zu diesem Thema gleichwohl allgemein anerkannte Berechnungen durchgeführt. Für die Jahre 1870 und 1913 hat Maddison das Bruttosozialprodukt pro Kopf für Vietnam mit 520 und 750 Dollar im Wert von 1990 und für Frankreich mit 1900 und 3600 Dollar im Wert von 1990 bemessen.

In der Zeit zwischen den beiden Weltkriegen des 20. Jahrhunderts gingen junge Vietnamesen gerne zu Ausbildungszwecken, sofern die finanziellen Möglichkeiten dazu bestanden, nach Westeuropa. Aufgrund der Sprache vorwiegend nach Frankreich. Einer von ihnen war der junge Ho Chi Minh, der 1919 erstmals nach Paris gelangte, wo er sich alsbald der Sozialistischen Partei Frankreichs anschloss. Seit US-Präsident Woodrow Wilson in seinem 14-Punkte Programm vom Selbstbestimmungsrecht der Völker gesprochen hat, fürchtete die damalige französische Regierung die Anti-Kolonialbewegung und ließ deren Umfeld durch die Sicherheitsbehörden beobachten. Inwieweit die von Ho gegründete Zeitung, die die Grausamkeiten des Kolonialismus anprangerte, in deren Fokus geriet, ist unklar. Jedenfalls kam es bei Ho zu einem Ortswechsel. Er ging nach Moskau, um an der Universität der Werktätigen des Ostens ein Studium aufzunehmen. Bekanntschaften mit Ernst Thälmann, Nikolai Bucharin, Zhou Enlai und anderen wurden gepflegt.

Der Zweite Indochinakrieg

Wie würden die an Marx und Lenin geschulten und kommunistisch indoktrinierten Revolutionäre und all die anderen mit Universitätsexamina Ausgestatteten, die nie über dritt- oder viertklassige Jobs für die Kolonialverwaltung hinausgelangen konnten, reagieren, als sie nach Ende des 2. Weltkriegs merkten, dass Frankreich die am 2. September 1945 in Hanoi proklamierte Unabhängigkeit ganz Vietnams so nicht akzeptieren wollte. Mehr noch: Bereits Ende 1945 und Anfang 1946 landeten französische Truppen vor Ort, um die Situation ganz in ihrem Sinne zu stabilisieren. Mit dabei war ein dem Commando Ponchardier angehörender junger Fallschirmjäger, der in späteren Jahren als Fernsehjournalist und Auslandskorrespondent weithin Bekanntheit erlangen sollte. Die Rede ist von Peter Scholl-Latour, einem der besten westlichen Kenner Indochinas.

Für europäische Kolonialmächte hatte sich die Zeit inzwischen grundlegend verändert, der Kolonialismus insgesamt war ein Auslaufmodell. Sowohl Großbritannien mitsamt seinem Empire als auch Frankreich mit seinem Kolonialreich hingen nach dem 2. Weltkrieg am finanziellen Tropf der US-Amerikaner. Der Traum von Britisch-Indien war nur noch eine Schimäre und der von Französisch-Indochina prinzipiell auch, nur zogen sich die Dinge länger hin als 1947.

Mit dem 1911 geborenen General Giáp, ehemals als Geschichtslehrer in Hanoi tätig, verfügte die Nordvietnamesische Volksarmee über einen Oberbefehlshaber der im strategischen Denken an Sunzi geschult war und erfolgreich Guerillataktiken in die militärischen Auseinandersetzungen einfließen ließ. Während westliches strategisches Denken - vereinfacht ausgedrückt - ganz im Sinne von Clausewitz am entscheidenden Punkt eines Konflikts überlegene Kraft sammeln will, um den Gegner dann vernichtend im Gravitationszentrum zu schlagen, verfolgt Sunzi einen umfassenderen, einen integrierten militärisch-politischen-psychologischen Ansatz. So hat der chinesische General des 6. Jahrhunderts Sunzi in einem seiner 36 Strategeme davon gesprochen, dass man im Osten lärmen solle, wenn man im Westen anzugreifen beabsichtige. Damit ist gemeint, dass die Aufmerksamkeit des Gegners vom eigentlichen Angriffsziel abzulenken ist. Als einer der ersten Europäer hat übrigens Napoleon Bonaparte eine Übersetzung Sunzis gelesen. Zurück zu General Giáp. Seine Truppen hat er gegen die Franzosen nur allzu ungern in die offene

Feldschlacht geschickt und stattdessen lieber ganz gezielt Nadelstiche gesetzt.

Das wurde im Sommer 1954 anders. Peter Scholl-Latour hat darüber in *„Der Tod im Reisfeld"* ausführlich berichtet. Für ihn und andere Fachleute war die französische Niederlage in Indochina in dem Moment endgültig besiegelt, nachdem die Dschungelfestung Dien Bien Phu gefallen war. Das bis dahin nur als kümmerliche Durchgangsstation zwischen dem Hochland von Tonking und der laotischen Mekong-Ebene bekannte Dorf Dien Bien Phu, hatte nunmehr weltweite Berühmtheit erlangt. Die Franzosen hätten sich dort mit der Absicht eingeigelt, den frontalen Angriff der Vietminh-Armee auf sich zu ziehen, entsprechend den jahrelang von den französischen Stäben in Hanoi gepflegten Träumen und Wunschvorstellungen, dem Feind endlich in offener Feldschlacht zu begegnen und ihn zu vernichten. Das Expeditionskorps war den zermürbenden Partisanenkrieg unter klimatisch verschärften Bedingungen so leid, dass es das immense Risiko der Isolierung – Versorgung war ausschließlich auf dem Luftweg möglich - in dieser entlegenen Talmulde auf sich genommen hätte. Doch General Navarre hatte den kleinen Geschichtslehrer Vo Nguyen Giap, der das Heer des Vietminh befehligte, und den sprichwörtlichen Ameisenfleiß seiner Gegner sträflich unterschätzt. Niemand hatte es für möglich gehalten, dass es gelingen konnte, Artillerie auf dem Landweg durch den Gebirgsdschungel nach Dien Bien Phu zu transportieren. Unter unvorstellbaren Strapazen wurde es dennoch geschafft, und schon unter den ersten Salven der Belagerer brachen die französischen Verteidigungsanlagen, die allenfalls auf Granatwerferfeuer eingerichtet waren, zusammen. Der Widerstandswille der hier aus Fallschirmjägern und Fremdenlegionären zusammengezogenen Eliteverbände war naturgemäß erheblich, blieb dennoch ein vergebliches Unterfangen. Wie sehr man sich in seltsamer Verblendung an die Chimäre des kolonialen Erbes geklammert hat, wird nicht zuletzt daran deutlich, dass Außenminister Georges Bidault gewissermaßen als ultimative Antwort versucht haben soll, die Amerikaner zum Abwurf von taktischen Atombomben über den kommunistischen Stellungen von Dien Bien Phu zu bewegen. Doch in Washington hatte man erst vor einem Jahr schweren Herzens dem Waffenstillstand in Korea zugestimmt. Die Vereinigten Staaten hatten damit zum ersten Mal einen Krieg nicht gewonnen, sondern mit unentschiedenem Ausgang auf der Basis des Status quo ante beendet.

Das Ende von Französisch-Indochina war nahe. Auf der bereits erwähnten Genfer Indochinakonferenz wurde in der Schlusserklärung vom 21. Juli 1954 die Unabhängigkeit von Laos und Kambodscha sowie die Trennung Vietnams in einen Nord- und einen Südteil am 17. Breitengrad erklärt. Die Logik des Kalten Krieges veranlasste die Vereinigten Staaten von Amerika, die dortigen französischen Erfahrungen dabei stets vor Augen, sich von nun an stärker politisch und finanziell in Südostasien zu engagieren. Bis zu dem Tag, als im April 1975 die Helikopter Saigon verlassen haben.

11. Eine Buchkritik

Die scheinheilige Supermacht von Michael Lüders

Mit Peter Scholl-Latour, seinem 2014 verstorbenen Vorgänger im Amt des Präsidenten der Deutsch-Arabischen Gesellschaft, teilt der arrivierte Nahost- und Islamexperte Michael Lüders die Eigenschaft, oft genug unbequeme Wahrheiten abseits des medialen Mainstream ausgesprochen und stichhaltig begründet zu haben. Ist es ihm auch dieses Mal mit der im März 2021 erschienenen Veröffentlichung im Umfang von 293 Seiten *„Die scheinheilige Supermacht"* gelungen?

Immerhin fordert der in den letzten Jahren mit Arbeiten wie *„Die den Sturm"* ernten und *„Armageddon im Orient"* gleichermaßen kenntnisreich wie überzeugend an die Öffentlichkeit getretene Autor nichts weniger als eine umfängliche Revision und Neujustierung deutscher Außenpolitik. Dies legen sowohl der Untertitel *„Warum wir aus dem Schatten der USA heraustreten müssen"* und die Schlussfolgerung nahe, dass symbiotische transatlantische Beziehungen während des Kalten Krieges zwar ihre Berechtigung gehabt hätten, doch nach 1989 wäre die amerikanische Konfrontationspolitik gegenüber Russland von den Europäern und namentlich von verschiedenen deutschen Regierungen viel zu oft mitgetragen worden. Bezüglich dieser Art von Politik werden Korrekturen eingefordert. Im Zeichen einer zukünftigen multipolaren Welt sei nunmehr eine Politik des Ausgleichs notwendig. So könnte etwas gelingen, was im Interesse der Völker diesseits und jenseits des Ural, aber eben nicht unbedingt im Interesse Washingtons liegen würde: Die Schaffung einer Zone freien Personen- und Warenverkehrs zwischen Lissabon und Wladiwostok.

Bei allem darin enthaltenen visionären Reiz stellt sich gleichwohl die Frage nach der praktischen Umsetzbarkeit. Welchen Zeithorizont Michael Lüders dabei im Blick hat, bleibt leider im Unklaren wie auch die weitere angedachte Positionierung des Landes im Rahmen der von Bundeskanzler Konrad Adenauer eingeleiteten Westintegration nach Gründung der Bundesrepublik. Als einer ihrer unverrückbaren Eckpfeiler gilt ja gemeinhin die seit 1955 bestehende NATO-Mitgliedschaft. Steht sie etwa zur Disposition?

Russland selbst wird mit Hinweis auf Präsident Putins Bundestagsrede im September 2001, in der er zwei Wochen nach der Zäsur der terroristischen Heim-suchungen von 9/11 für eine Vertiefung des deutsch-russischen Verhältnisses in Politik, Wirtschaft und Gesellschaft geworben hat nicht als sonderlich bedrohlich wahrgenommen. Die Veränderungen Putins im Tonfall auf der Münchener Sicherheitskonferenz im Februar 2007 hätten ihre tieferen Ursachen in der von ihm kritisierten NATO-Osterweiterung und mit der geplanten Errichtung eines fest installierten Raketenabwehr-systems in Polen und Tschechien zu tun gehabt. Schon wenig später sei der russische Präsident wegen der in Tschetschenien und Georgien mit militärischen Mitteln betriebenen Interessenpolitik im Westen bereits dauerhaft in Ungnade gefallen.

Kein Wort hingegen zu der gegenüber der Europäischen Union aktiv vom Kreml forcierten Destabilisierungspolitik, wie sie von Timothy Snyder 2019 in *„Der Weg in die Unfreiheit"* thematisiert worden ist. Der Historiker und Osteuropaexperte Snyder hat dazu ausgeführt, dass Putin als Präsidentschaftskandidat Ende 2011 und Anfang 2012 eine ambitioniertere „Eurasische Union" ins Gespräch gebracht habe, eine Alternative zur EU, die deren Mitglieder einschließen und so zum Exitus der EU ihren willkommenen Beitrag leisten würde. Zu diesem Ergebnis kann man jedenfalls gelangen, sofern ein Artikel Putins vom 27. Februar 2012 in der Moskovskie Novosti hinreichend ernst genommen wird. Es heißt dort nämlich, dass Russland niemals EU-Mitglied werden könne. Als Begründung halten die behauptete einzigartige Position Russlands auf der politischen Weltkarte, seine Rolle in der Geschichte und in der Entwicklung der Zivilisation her. Vielmehr werde Eurasien, das als geographischer Raum zwischen Atlantik und Pazifik, zwischen Lissabon und Wladiwostok gedacht wird, seine zukünftigen Mitglieder mit Russland integrieren, und die mit der EU derzeit verbundenen lästigen Auflagen wie das Abhalten von freien Wahlen könnten entfallen.

Wiederum wird der geographische Raum zwischen Lissabon und Wladiwostok großzügig überbrückt, allein ganz anders als in der Vorstellung von Michael Lüders und gewiss nicht im Sinne derjenigen, die im Projekt der

Europäischen Union die positiven Aspekte für die in ihr lebenden Menschen überwiegen sehen.

Öffentlichkeitsarbeit, Framing und Manufacturing Consent

Als Ausgangspunkt der Argumentation dienen dem Autor einige überaus kritische Bemerkungen zur Rolle der USA in der Zeit vom Zweiten Weltkrieg bis in die Gegenwart hinein, wobei auf politische, geheimdienstliche und militärische Interventionen hingewiesen wird, durch die demokratisch legitimierte, aber unliebsame Regierungen beseitigt worden sind (z. B. Iran 1953, Chile 1973) oder bestehende Diktaturen verteidigt wurden (z. B. Argentinien 1976), sofern es opportun und den eigenen Interessen förderlich erschien. Wie es trotzdem möglich war und ist, dass die Vereinigten Staaten von Amerika den Ruf eines Garanten von Freiheit, Demokratie und Menschenrechten genießen, kurzum hierzulande als wichtigster Repräsentant der westlichen Wertegemeinschaft gelten, ist nach Meinung des Autors auf ein gut funktionierendes Meinungsmanagement zurückzuführen.

Bereits in den 1920er Jahren wurden die theoretischen Grundlagen dafür von den Journalisten Walter Lippmann und Edward Bernays gelegt. Sie werden in der Welt von heute nicht nur von der Werbewirtschaft, sondern auch vom Politikbetrieb westlichen Zuschnitts als wesentliche Voraussetzung für jeweils unterschiedlich gelagerten verkäuferischen Erfolg genau beachtet. Lippmann wird die Einsicht verdankt (*„Public opinion"*, 1922), dass alles,

was der Mensch tue nicht auf unmittelbarem und siche-
rem Wissen beruht, sondern auf Bildern, die er sich selbst
geschaffen oder die man ihm gegeben hat. Für
Regierungsverantwortliche geht es demnach darum,
gesellschaftlich prägende Bilderwelten politisch einzu-
spannen und dienstbar zu machen. Wie etwa die auf
Lippmann zurückzuführende Formulierung vom Kalten
Krieg. Edward Bernays, dessen Arbeit *„Propaganda"* von
1928 Aufnahme im Bücherschrank von Joseph Goebbels
fand, war der Ansicht, dass der entscheidende Unterschied zwischen einer Diktatur und einer Demokratie
darin bestehen würde, dass in einer Diktatur nur eine
manipulierte Wahrheit zugelassen sei, die Bevölkerung in
einer Demokratie hingegen zwischen mehreren manipu-
lierten Wahrheiten wählen könne. Ebenfalls wenig
tröstlich wirkt Bernays' folgender Gedanke, dass es
möglich sein wird, die Massen ohne deren Wissen nach
einem bestimmten Willen zu kontrollieren und zu
steuern, sofern die Mechanismen und Motive des
Gruppendenkens richtig verstanden werden.

Als eine weitere Möglichkeit gezielten Meinungsma-
nagements gilt das sogenannte Framing. Unter Framing
versteht man dabei die Auswahl oder Hervorhebung
einzelner Facetten von Ereignissen oder Themen, die so
aufeinander bezogen werden, dass eine bestimmte
(gewünschte) Lösung Vorrang vor anderen erhält.
Natürlich beinhalten ebenso die Aus- und Weglassungen
eine ganz eigene Botschaft. Von der Anwendung eines
weiteren politisch-journalistischen Verfahrens, der De-
Kontextualisierung, konnten sich Millionen Fernsehzu-

schauer*innen in aller Welt erst vor kurzem anlässlich des vergangenen US-Präsidentschaftswahlkampfs überzeugen. Im Mittelpunkt der medialen Berichterstattung stand die Darstellung der jeweiligen Wahlkampfauftritte der parteiinternen Bewerber um das Präsidentenamt. Die eigentlich wichtigen Fragen danach, wer von wem Wahlkampfspenden erhält, spielten dagegen kaum eine Rolle. Ist die unter der Trump-Administration vorgenommene Kündigung des Pariser-Klimaschutzabkommens etwa nicht als Gefälligkeit an die republikanischen Großspender aus dem Umfeld der fossilen Energieunternehmen zu verstehen gewesen?

In ihrem 1988 erstmals veröffentlichten *„Manufacturing Consent"*, der Konsensfabrik, haben der Ökonom und Medienanalyst Edward S. Herman und der Linguist Noam Chomsky ihr mit fünf Filtern versehenes Propaganda-Modell vorgestellt. Michael Lüders ist in diesem Kontext der Auffassung, dass Herman und Chomsky die Mittel und Methoden untersucht hätten, derer sich Wohlstand und Macht bedienten, um die Nachrichten herauszufiltern, die einer Veröffentlichung für wert erachtet würden. Dahinter stehe die Absicht, der Regierung und den maßgeblichen privaten Interessen zu erlauben, ihre Botschaften unters Volk zu bringen und ungewünschten Dissens an den Rand zu drängen. Diese Filterung sei jedoch keineswegs Ausdruck einer Verschwörung, sondern ergebe sich aus den wirtschaftlichen, politischen und militärischen Zwängen oder Interessen, denen die Machteliten Rechnung zu tragen hätten. Die dergestalt gefilterten Nachrichten allerdings, im erweiterten Sinn der mediale Mainstream, erfüllten laut Herman und Chomsky die Kriterien der Propaganda, wie sie der weiter oben bereits angeführte Lippmann für die von ihm zum Leitbild erhobene Elitendemokratie und ihre Bilder-Experten umfassend beschrieben hat.

Letztlich ist es aus meiner Sicht die enorme Bedeutung, die die Lenkung, Steuerung und bewusste Irreführung von Meinungen und Menschen gewonnen haben, wenn man etwa an die Brutkasten-Lüge vor dem Kuwaitkrieg 1991, wenn man an die vorgebliche Gefährdung durch *„weapons of mass destruction"* im Irakkrieg 2003 denkt, die Michael Lüders dazu bewogen haben, die traditionell wohlwollende Einstellung gegenüber dem transatlantischen Bündnis- und Seniorpartner grundsätzlich anzuzweifeln und in Frage zu stellen. Man muss gewiss nicht jede der aufgestellten Thesen teilen, bedenkenswert sind sie allemal.

12. Neuartige Medien und ein neuer Kunststil

Im grauen Alltag der Nachkriegszeit

Europa 1945: Vielerorts ein tristes Trümmerfeld. Hunger und Mangelernährung waren für Millionen Menschen tagtägliche Begleiter. Viele von ihnen hatten noch nicht einmal ein Dach über dem Kopf. In Frankreich waren 20 Prozent des Wohnraumbestandes zerstört, während es in Großbritannien 30 und in Deutschland 40 Prozent waren. Ebenfalls stark in Mitleidenschaft gezogen war das aus Straßen und Eisenbahnstrecken bestehende Verkehrsnetz. Westliches und östliches Rheinufer waren nur noch durch eine einsame intakte Brücke miteinander verbunden. Die Devise für die kommenden Jahre konnte allein im zügigen Wiederaufbau nach Beseitigung der vorhandenen Trümmer liegen. Daneben genoss die Wiederingangsetzung des Wirtschaftskreislaufs höchste Priorität. Die Einführung der D-Mark anlässlich der Währungsreform im Juni 1948 in den drei westlichen Besatzungszonen führte sogleich zu einer Verbreiterung des Warenangebots und war damit ein erster Schritt in die ökonomische Normalisierung des Verbraucheralltags. Im Osten des Landes sah die Lage indessen im Zeichen von staatlichen Enteignungen und Kollektivierungsmaßnahmen anders und bei weitem ungünstiger aus.

Überhaupt nicht zu vergleichen und im starken Kontrast zur europäischen Situation war die Lage in Nordamerika, das ja während des Weltkrieges von Kampfhandlungen auf heimischem Territorium verschont geblieben war, wenn man vom japanischen Angriff auf das hawaiianische Pearl Harbour im Dezember 1941 einmal absieht. Anstatt der zivilisatorischen Brüche, die den alten Kontinent heimgesucht haben und in den Abgrund blicken ließen, standen in der Neuen Welt Kontinuität und ungebrochener Optimismus auf der Tagesordnung. Vor diesem Hintergrund nahm im August 1945, dem Monat des Atombombenabwurfs auf Hiroshima und Nagasaki, am Carnegie Institute of Technology in Pittsburgh, Pennsylvania, ein Siebzehnjähriger sein Studium der Gebrauchsgraphik (Pictorial Design) auf. Sein Name: Andy Warhol. Dem bleichen, als Kind oft kränklichen Sohn einer osteuropäischen Einwandererfamilie war der spätere künstlerische Erfolg von der Sozialisation in bescheidenem Umfeld her gewiss nicht in die Wiege gelegt. Einstweilen dominierte in den späten 1940er Jahren mit dem Abstrakten Expressionismus jedoch eine Kunstrichtung, deren hauptsächliche Strömungen vom Action Painting in der Art Jackson Pollocks und der Farbfeldmalerei im Stile Mark Rothkos charakterisiert wurden. Zahlreiche europäische Maler, die im Weltkrieg emigriert waren, wie Piet Mondrian, Marc Chagall, Max Ernst oder Marcel Duchamp, wirkten in diesem Sinne in der neuen amerikanischen Heimat anregend auf die dortigen Kreativen. Nachdem für die vergangenen 100 Jahre Paris der unbestrittene Mittelpunkt der Kunstwelt gewesen ist, übernahm nunmehr New York diese Rolle.

Fernsehen als neues Leitmedium der 1950er

Seit den späten 1920er Jahren war der Hörfunk, das Radio, das Massenmedium schlechthin, das es verstand, ganze Familien und Nachbarschaften zum gemeinsamen Hören von Sportberichten oder Musikübertragungen zu versammeln. Wohl galt dieser Befund ganz generell noch für die erste Hälfte der 1950er, doch der anstehende Durchbruch des Fernsehens kündigte Veränderungen an. In der Bundesrepublik gab es 1955 eine Gesamtzahl von 100.000 Fernsehgeräten und bereits zwei Jahre später 1 Million der damals heiß begehrten Prestigeobjekte. Als erste länderübergreifende siebenstündige Liveübertragung in Europa gilt die Krönungszeremonie von Elizabeth II. im Juni 1953, die allein in Großbritannien von 27 Millionen Zuschauern gespannt verfolgt worden ist. Bei diesem Anlass hat sich das Radio als nicht mehr wirklich konkurrenzfähig erwiesen. Während in den USA bereits im Juni 1951 von Columbia Broadcasting System (CBS) das erste - technisch unzureichende – Farbfernsehprogramm weltweit ausgestrahlt worden ist, das 1954 um die Einführung des NTSC-Systems als landesweiter Farbfernseh-Standard erweitert wurde, musste man in Deutschland und anderenorts in Westeuropa noch bis 1967 darauf warten. Qualitativ war das PAL-System dann allerdings auch besser.

Die existenzielle Frage danach, wie sich Radio- oder Fernsehsender eigentlich finanzieren, richtet sich nach deren öffentlich-rechtlicher bzw. kommerzieller Struktur. Bei ersteren werden als Faustregel Einnahmen aus Rund-

funkgebühren überwiegen, bei letzteren Werbeeinnahmen. Bei den in den 1950ern immer mehr an Fahrt
aufnehmenden Auflagenzahlen der Printmedien, vor
allem Zeitungen und Zeitschriften, verhält es sich vom
Grundsatz her so, wie es der ehemalige Chefredakteur
der Rheinischen Post Joachim Sobotta formuliert hat.
Demnach ist es zutreffend, dass privatwirtschaftlich
geführte Zeitungsverlage insgesamt von Werbeeinnahmen abhängig sind, jedoch nicht von einzelnen
Inserenten. Da in diesem Jahrzehnt - in den USA eher
früher, im den American way of life nachahmenden Westeuropa etwas später - ein Wechsel vom Verkäufer- zum
Käufermarkt stattfindet, gewinnt die Werbewirtschaft als
solche ein immer größeres Maß an Bedeutung. Es gibt
kein knappes Warenangebot mehr, um das eine große
Anzahl von Interessenten konkurrieren, sondern eine
stetig zunehmende Produktauswahl will ihre Käuferinnen
und Käufer finden.

The golden age of advertising

In periodisch erscheinenden Publikumszeitschriften wie
der im April 1948 mit einer Auflage von 110.000
Exemplaren startenden Illustrierten Quick oder dem seit
August 1948 erstmals erhältlichen und gleichfalls reich
bebilderten Wochenmagazin Stern wurde die Leserschaft
mittels klein- oder großformatiger Anzeigenwerbung
über die Vorzüge verschiedenster Konsumartikel
aufgeklärt, informiert und ein bisher an ihnen
möglicherweise überhaupt nicht bestehendes Interesse
wurde vielleicht geschickterweise geweckt. Mit Hilfe von

Slogans, als der einprägsamsten Form eine komplexe Wirklichkeit auf das Wesentliche reduziert herunterzubrechen, versuchten kreative Köpfe aus der Szene der Werbeagenturen den Verkaufserfolg ihrer Auftraggeber anzuheizen. Für so manchen Liebhaber von Weinbrand wurde die Auswahl der Marke gewiss leichter, als es 1952 etwa hieß: *„Darauf einen Dujardin!"* oder zwei Jahre später, um eine wertvolle Hilfestellung im Haushalt oder bei der Heimarbeit zu gewähren: *„... im Falle eines Falles klebt UHU wirklich alles!"*

Auch im Bereich der Außenwerbung ging es weiter voran, nachdem einhundert Jahre zuvor Ernst Litfaß 1854 vom Berliner Polizeipräsidenten das Recht zum Aufstellen einer Werbesäule vertraglich eingeräumt bekommen hat. Mit James Rosenquist war einer der bekanntesten Pop Art Künstler überhaupt zuvor mehrere Jahre als Maler von Werbeplakaten unterwegs und verdiente so seinen Lebensunterhalt. Die Technik des Plakatmalens sollte Rosenquist später auf die von ihm geschaffenen großformatigen Bilder übertragen. Andy Warhol selbst hat sein Gespür für Farben und deren Wirkung auf die Betrachtenden und seine zeichnerischen Fähigkeiten während seiner Zeit als Graphikdesigner in der Werbung professionalisiert und erfolgreich weiterentwickelt.

Obschon einige Einwände dagegen erhoben worden sind, war es 1956 soweit, dass im Bayerischen Rundfunk der erste Werbespot im deutschen Fernsehen lief. Beworben wurde das Waschmittel Persil aus dem Henkel-Konzern von den beiden allseits beliebten Volksschauspielern

Beppo Brem und Liesl Karlstadt beim Mittagessen in einem Lokal. Die Werbeeinnahmen des Fernsehens stiegen indessen von 200.000 DM brutto im Jahr 1956 auf 4,4 Milliarden Euro netto im Jahr 2015 an. Als erfolgreich wurden seinerzeit diejenigen Menschen angesehen, die mobil waren, ergo über ein Auto verfügten. Und das Auto der ersten Nachkriegsjahrzehnte schlechthin war der VW-Käfer, der erste globale Bestseller made in Wolfsburg. In der Düsseldorfer Dependance der 1949 gegründeten New Yorker Agentur Doyle, Dane und Bernbach (DDB) wurde 1962 der legendäre Slogan *"Er läuft und läuft und läuft..."* erarbeitet, der mit den Jahren einen ähnlichen Kultstatus wie das von ihm beworbene Produkt erlangte. Nicht

zuletzt deshalb gelang es, dass der Käfer mehr als 21,5 Millionen Mal von den Produktionsbändern lief.

Pop Art

Pop Art, die in den 1960ern zu einer vorherrschenden künstlerischen Ausdrucksform in der Malerei und Skulptur wurde, entwickelte sich in der zweiten Hälfte der 1950er. Allgemein wird der 1922 geborene Brite Richard Hamilton, der diese Zuschreibung zeitlebens abgelehnt hat, als ihr Begründer angesehen. Die sich heute in der Kunsthalle Tübingen befindliche kleinformatige Collage Hamiltons von 1956 *„Just what is it that makes today's homes so different, so appealing?"*, wird häufig als Geburtsstunde der Pop-Art angesehen. Ihre Motive sind oft der Alltagskultur, der neuartigen Welt des Konsums, den Massenmedien und der Werbung entnommen. Andy Warhol hat dazu das Statement abgegeben, dass die Pop-Künstler Bilder machen würden, die jeder im Bruchteil einer Sekunde wiedererkennen konnte. Von den Motiven her völlig gleichgültig, ob es sich dabei um Kühlschränke, Colaflaschen, Duschvorhänge, Comics, Picknicktische, Männerhosen oder Berühmtheiten handelte. Eben all die großartigen modernen Dinge, die von den Abstrakten Expressionisten geflissentlich übersehen wurden. Natürlich hat nicht jeder diese Sichtweise geteilt. Über Kunstgeschmack und Ästhetik lässt sich trefflich streiten. Der Kunsthistoriker und -kritiker Max Kozloff hat 1962 das Thema Pop Art kommentiert, indem er davon sprach, die Kunstgalerien würden von dem schwachköpfigen und nichtswürdigen Stil von Kaugummikauern, Backfischen und Straftätern geradezu überschwemmt werden.

Zum bekanntesten Vertreter dieser Kunstrichtung neben Warhol avancierte der gebürtige New Yorker Roy Lichtenstein. Für viele seiner an Comics oder Zeitungs-anzeigen erinnernden großformatigen und Primärfarben bevorzugende Werke entwickelte Lichtenstein eine spezielle Maltechnik weiter. Anstatt auf Farbflächen setzte er auf gleichmäßige Farbpunkte, die sogenannten Benday Dots, mit deren Hilfe es ihm gelang, sowohl die Künstlichkeit des Geschaffenen zu betonen als auch eine spezielle Ästhetik zu kreieren. Dem Life Magazine erschien das eindeutig zu avantgardistisch, weshalb ein Journalist bezüglich Lichtenstein im Januar 1964 die Frage gestellt hat: *"Is he the worst artist in the US?"* Man fühlt sich dabei durchaus an die Art von Ablehnung erinnert, wie sie den französischen Impressionisten in den 1860er und 1870er Jahren entgegengeschlagen ist. 2015 hat man jedenfalls beim Auktionshaus Christie's die vom Life Magazine gestellte Frage recht eindeutig beantwortet, indem man die Arbeit Nurse aus dem Jahr 1964 für 95,4 Millionen Dollar versteigert hat.

Während Roy Lichtenstein dem altbekannten Pointillismus seine eigene Signatur hinzugefügt hat, ist Andy Warhol für die Verwendung der Siebdrucktechnik und seine Serien und Wiederholungen als bildender Künstler bekannt geworden. Erste Aufmerksamkeit erweckte er mit seinen 32 Suppendosen der Firma Campbell's. In vier Reihen zu je acht Dosen angeordnet,

jeweils eine der im Angebot erhältlichen Geschmacks-
richtungen repräsentierend, ließ der ehemalige
Werbegraphiker 1962 weite Teile der Öffentlichkeit zu-

nächst zweifeln, ob dies überhaupt Kunst sei. Sein
ironischer Kommentar, dass er zwanzig Jahre lang jeden
Tag dasselbe gegessen habe, trug nicht wirklich zur
Aufklärung bei.

Warhols Bilderserie mit der Schauspielerin Marilyn
Monroe liegt ein Pressefoto des Jahres 1953 des von
Henry Hathaway inszenierten Films Niagara zugrunde,
das die aufstrebende Actrice an der Seite von Joseph
Cotten als ruchlose Femme fatale zeigt. Eine Rolle, die ein

bereitwilliges Kinopublikum ihr wohl nur allzu gerne abnahm und die ganz entscheidend mithalf, ihren Starruhm zu begründen.

Abschließend lässt sich sagen, dass die Künstler der Pop Art der Welt in Zeiten des Kalten Krieges eine Art von farbiger, manchmal auch greller, schriller Buntheit hinterlassen haben, in der sich bei aller Konsumverehrung oder seltener auch -kritik eine Zukunftsfreude ausdrückt, die noch in unserer Gegenwart enorm bereichernd wirkt.

13. Der britische Geheimdienst MI 5 im Kalten Krieg

Als Vernon Kell im Mai 1940 von Premierminister Winston Churchill in den Ruhestand versetzt wurde, ging damit die berufliche Karriere des ersten leitenden Direktors des MI 5 nach fast 31 Jahren Dienstzeit zu Ende. Angefangen hatte der mehrere Fremdsprachen beherrschende Kell mit seiner nachrichtendienstlichen Tätigkeit im Oktober 1909 in einem kleinen Londoner Büro, das mit nur einem einzigen weiteren Kollegen besetzt und zu teilen war. Art und Umfang der vom deutschen Kaiserreich auf den Britischen Inseln betriebenen Spionageaktivitäten zu analysieren und welche Gefahren daraus erwuchsen richtig einzuschätzen, so lautete der an das Secret Service Bureau gerichtete Arbeitsauftrag der Regierung fünf Jahre vor Beginn des Ersten Weltkriegs.

Knappheit an finanziellen Ressourcen und materieller Ausstattung hinderten Kell und seinen Mitstreiter Mansfield Cumming nicht daran, sich in fortwährenden Auseinandersetzungen über Zuständigkeiten und Kompetenzen zu ergehen, so dass es bereits im Mai 1910 zu der Aufteilung kam, die heute noch immer gültig ist. Cumming erhielt den Zuschlag für die gesamte Auslandsspionage unter dem Dach des Secret Intelligence Service (SIS), besser bekannt als MI 6, dessen bloße Existenz von offizieller Seite erstmals 1992 zugegeben wurde. Kell hingegen bekam die Verantwortung für die nachrichtendienstlichen Aktivitäten innerhalb des

Vereinigten Königreichs zugesprochen, womit der Security Service (MI 5) gegründet war. Außerhalb des Militärischen liegende und im zivilen und behördlichen Bereich fest verankerte geheimdienstliche Strukturen, die somit nunmehr institutionalisiert und geschaffen waren, bildeten ein Novum. Und im bezeichnenden Unterschied zu späteren diktatorischen Staaten wie dem national-sozialistischen Deutschland mit seinem Reichssicherheits-hauptamt (RSHA) oder zu autoritären Staaten wie der DDR mit ihrer Staatssicherheit sind weder beim MI 5 noch beim MI 6 zu irgendeinem Zeitpunkt geheimpolizeiliche, das heißt zur Bespitzelung und Einschüchterung der eigenen Bevölkerung dienende Kompetenzen geschaffen worden.

Während des Zweiten Weltkriegs waren die Angehörigen des MI 5, dessen Mitarbeiterzahl Anfang 1943 auf 1271 Personen angewachsen war, überaus erfolgreich darin, feindliche Aktivitäten wie Sabotage, Subversion und Spionage auf den Britischen Inseln im Lauf der Zeit weitgehend zu unterbinden. Mehr noch: Einige der für die deutsche Abwehr tätigen Auslandsagenten unterschied-licher Nationalität wurden identifiziert und im Rahmen des Double-Cross-Systems als Doppelagenten gegen den ursprünglichen Auftraggeber eingesetzt. So war es möglich, zielgerichtete Desinformation etwa durch frisierte Funkmitteilungen zu betreiben. Auf diesem Wege gelang es unter anderem, Zeitpunkt und Ort der alliierten Landung, die ja tatsächlich am 6. Juni 1944, dem D-Day, in der Normandie erfolgte, geschickt zu ver-schleiern, so dass die deutsche politische und militärische

Führung in Berlin noch Tage später davon überzeugt war, die eigentlichen amphibischen Haupthandlungen stünden am weiter nördlich gelegenen Pas de Calais bevor. Daher blieben nicht wenige Infanterie- und Panzerdivisionen der Wehrmacht örtlich dort gebunden, wo sie überhaupt nicht benötigt wurden und warteten auf einen Einsatz, der schließlich ausblieb.

Cold War

Das Ende des Zweiten Weltkriegs führte zu einem raschen Auseinanderfallen der alliierten Kriegsallianz. Auf der Grundlage der Überlegungen des Diplomaten George F. Kennan hat US-Präsident Harry S. Truman in einer Rede vor dem Kongress im März 1947 seine Politik der Eindämmung (Containment) sowjetischen Expansionsstrebens vorgestellt, worauf Moskaus Chefideologe Andrei Schdanow ein halbes Jahr später mit der Zwei-Lager-Theorie geantwortet hat. Man war mitten im Kalten Krieg angekommen, der Systemgegensatz zwischen westlichen liberalen Demokratien und osteuropäischen, der kommunistischen Ideologie verhafteten Zwangsstaaten hatte sich als vorläufig unüberbrückbar erwiesen.

Auf die veränderte Weltlage, in der die vorherige nationalsozialistisch-faschistische Bedrohung von der kommunistisch-sozialistisch inspirierten Gefahr abgelöst worden war, reagierte man im Security Service (MI 5) mit dem Amtsantritt von Dick White als Generaldirektor 1953 mit umfassenden organisatorischen Veränderungen, die in der hier vorgestellten Form für die folgenden 15 Jahre Gültigkeit besitzen sollten. Der Bereich A "Allgemeines" war von nun an für technische Unterstützung und Observierung zuständig, Bereich B für Personal und Organisation, Bereich C für Gefahrenabwehr, Bereich D für Spionageabwehr, Bereich E für Subversionsabwehr im Empire und im Commonwealth und Bereich F war für den Kampf gegen Unterwanderung auf britischem Boden verantwortlich. Die örtliche Zuständigkeit des Bereichs E für das gesamte Empire und den Commonwealth führte in der logischen Konsequenz dazu, dass der MI 5 nicht mehr ausschließlich, sondern nur überwiegend als Inlandsgeheimdienst anzusprechen war, ein Befund der bis in unsere Gegenwart gültig geblieben ist.

Das Streben nach staatlicher Unabhängigkeit, das Abschütteln kolonialer Bindungen und der damit verbundenen Unmündigkeit waren Themen, die hauptsächlich von den 1940ern bis in die 1970er für Hunderte von Millionen Menschen verstreut über den ganzen Erdball von existenzieller Bedeutung waren. Für die europäischen Kolonialmächte andererseits, von denen das Vereinigte Königreich und Frankreich über die ausgedehntesten überseeischen Besitztümer verfügten, bedeutete dies, den Prozess der Dekolonisation möglichst organisiert und verantwortungsvoll auszugestalten und zu begleiten. Bei jeweils unterschiedlichen Anfor-derungen und Gegebenheiten lauerten die Fallstricke nahezu überall. Frankreich war in Französisch-Indochina, den heutigen Staaten Laos, Kambodscha und Vietnam, von 1946 bis 1954 und in Algerien von 1954 bis 1962 gleich in zwei kräftezehrende und verlustreiche Kolonialkriege, bei denen neben zahllosen einheimischen Opfern Zehntausende französischer Staatsangehöriger ihr Leben verloren, verstrickt. Während die *grande nation* in Indochina und Algerien auf massive Konfrontation setzte, verhielt sich die - nach den Worten Napoleons - *nation of shopkeepers* bei der Abwicklung und Überführung ihres Empire in den heute 54 Mitgliedstaaten umfassenden Commonwealth im allgemeinen geschmeidiger und geschickter, trotz der jahrelang bestehenden Ausnahmezustände in Malaya und Kenia und den damit einhergehenden Spannungen bzw. Belastungen. Stets an vorderster Front mit dabei der Security Service (MI 5), der durch das Stellen von Verbindungsoffizieren, der sogenannten Security Liaison Officers (SLO), überall dort, wo es notwendig erschien, tätig geworden ist. In der 2009 pünktlich zum einhundertjährigen Geburtstag des Dienstes erstmals erschienenen umfangreichen MI 5-Geschichte des Historikers Christopher Andrew wird dazu der von 1958 bis 1962 amtierende Leiter des Bereichs E Alex Kellar zitiert. Kellar verweist für die afrikanischen Commonwealth-Staaten darauf, wie stolz man auf die dort geleisteten eigenen Beiträge sein könne. Sie sind zum einen in der Form von Ausbildungseinrichtungen, zum anderen mit dem Informationsdienst wie auch mit den in gemeinsamenNachrichtendienstoperationen geknüpften engen Kontakten zur Sicherheit dieser Staaten geschaffen worden. In den nach dem Ende der Kolonialzeit neu entstandenen Staaten habe man Kader einheimischer Beamter aufgebaut, die den britischen Lehrmeistern gegenüber Bewunderung, Respekt und

Vertrauen entgegengebracht hätten und damit einen sehr vorteilhaften Einfluss auf ihre einheimischen politischen Herren ausübten. Kellar räumt weiterhin ein, dass es möglicherweise nie gelingen würde, ein afrikanisches Land an den Westen zu binden, aber die gewährte Unterstützung verhelfe diesen Ländern eher zur Neutralität und hindere sie daran, sich der falschen Seite anzuschließen.

Während heutzutage im Angesicht einer weltweit veränderten Sicherheitslage die Bekämpfung von religiös motiviertem Terrorismus wesentlich zum Aufgabenspektrum des Security Service (MI 5) dazu gehört, brachte es die bloße Ausdehnung des Empire mit sich, dass bereits in der Frühphase des Kalten Krieges wertvolle, aber auch bittere Erfahrungen im Umgang damit im Nahen Osten gemacht wurden. Sicherheitsüberprüfungen von Mitarbeitern in sicherheitsrelevanten Arbeitsbereichen, das Verhindern von Atom- und Wissenschaftsspionage und die zeitraubende, ressourcenbindende geheimdienstliche Auseinandersetzung mit dem ideologischen Gegenspieler Sowjetunion waren weitere wichtige Tätigkeitsfelder.

Der Fall Kim Philby

Dass die Baupläne für die erste amerikanische Atombombe durch den zeitweise in Los Alamos in der Wüste von New Mexico tätigen Klaus Fuchs an den sowjetischen Geheimdienst verraten wurden, konnte indessen weder vom FBI noch von den britischen Kollegen verhindert werden.

Mehr noch: Der für Auslandsspionage zuständige SIS (MI 6) war selbst von den Sowjets infiltriert worden. Und zwar an ganz entscheidender Stelle. Noch als Student in Cambridge ist im Jahr 1934 ein gewisser Kim Philby, Sohn des bekannten Orientalisten St. John Philby, in jugendlichem Überschwang für die vermeintlich gerechte Sache des Kommunismus und von den stalinistischen Gräueltaten nichts ahnend, von einem Anwerber engagiert worden. Gemeinsam mit Guy Burgess, Donald Maclean, Anthony Blunt und John Cairncross wird Philby zu den Cambridge Five gezählt, dem mutmaßlich erfolgreichsten Spionage-Quintett, das je existierte. Bemerkenswert ist zunächst der zeitliche Ansatz des Anwerbers, der von einer überaus langfristigen und weitsichtigen Perspektive durchdrungen ist. Bei allen fünf Absolventen der Universität Cambridge, in den 1930ern noch mehr Kaderschmiede der upper-class als heute, wurde davon ausgegangen, dass sie irgendwann einmal in der Zukunft Spitzenämter in der Verwaltung des Vereinigten Königreichs einnehmen würden. So geschah es dann auch. Kim Philby stieg innerhalb des SIS zum Leiter der Sektion IX auf, deren Hauptaufgabe in der Abwehr sowjetischer und kommunistischer Spionage bestand. Wie sein Kollege Robert Cecil einräumte, war das die Gewähr dafür, dass der Kreml über sämtliche britischen Versuche, der kommunistischen Spionage nach dem Krieg zu begegnen, im Bilde gewesen sei. In der Geschichte der Spionage gebe es wenige oder überhaupt keine vergleichbaren Geniestreiche. Der kürzlich verstorbene Romancier John Le Carré, in jungen Jahren selbst Angehöriger von MI 5 und MI 6 bevor ihm sein Welterfolg *„Der Spion, der aus der Kälte"* kam genügend finanzielle Unabhängigkeit eingeräumt hat, um sich ganz der Schriftstellerei widmen zu können, ist im Vorwort von *„Dame, König, As, Spion"* zu nachfolgender bemerkenswerter Einschätzung gelangt. Dabei räumt der Autor zunächst freimütig ein, Philby zwar nie persönlich kennengelernt zu haben, dennoch wäre er ihm immer ganz besonders unsympathisch gewesen. Als Begründung dafür wird der verdrehte Snobismus der beiden gemeinsamen gesellschaftlichen Klasse und Generation angeführt. Philby ist ihm in manchen Dingen ganz offensichtlich einfach zu ähnlich gewesen. Beide hatten eine Privatschule besucht, beide waren die Söhne von launischen, tyrannischen Vätern. Philby habe mühelos Menschen für sich gewinnen und seine Gefühle gut verbergen können - insbesondere seinen heftigen Abscheu vor der Bigotterie und den Vorurteilen der herrschenden Schichten Englands. Der Autor bekennt, all dies habe irgendwann einmal auch auf ihn zugetroffen. Es ist mutmaßlich diese Art von Sozialisation und speziellem persönlichen Hintergrund gewesen, die geeignet waren, Wut und Introvertiertheit und später eine Hassliebe gegenüber den Vaterbildern der Gesellschaft und letztlich gegenüber der Gesellschaft selbst hervorzurufen. Im Ergebnis hat der eine, Philby, einen Weg eingeschlagen, der dem anderen, dem Autor, auch gefährlich offenstand, letzten Endes aber einen (glücklicherweise) nicht realisierten Entwurf des eigenen Lebens darstellte.

Als man dem Maulwurf am Ende des Tages zu nahe kam, setzte er sich 1963 nach Moskau ab. Mit Ehrungen und Orden ausgezeichnet, blieb er bis zu seinem Tod 1988 dennoch ein Außenseiter. Denn man liebt wohl den Verrat, aber niemals den Verräter!

14. Ausbreitung des Neoliberalismus

1979 war ein überaus ereignisreiches Jahr, eines, von dem nicht wenige Beobachter der jüngeren Zeitgeschichte sagen, es weise weltweit Wendepunkte auf, deren Auswirkungen bis in unsere Gegenwart fortbestehen. So veränderte sich die Situation im Mittleren Osten rasant, als nach der Flucht des Schah Mohammad Reza Pahlavi ins Ausland der bärtige, in traditionelle Kleidung gewandete Geistliche Ajatollah Khomeini am 1. Februar 1979 mit einer Sondermaschine der Air France aus Paris kommend auf dem Flughafen von Teheran landete. Mit der anschließenden Errichtung der Islamischen Republik Iran betrat der religiöse Fundamentalismus die Weltbühne und die vormalige Westorientierung des Landes wich Abkapselung und Isolation. Ebenfalls zu Jahresanfang 1979 machte sich mit Deng Xiaoping der erste führende Politiker der 1949 von Mao gegründeten Volksrepublik China zu einem Staatsbesuch in die USA auf. Öffnung zum Westen hin und ökonomische Reformen im Sinne eines staatlich gelenkten Kapitalismus standen von nun an auf der Agenda des von einem autoritären Ein-Parteien-System geführten fernöstlichen Landes. Beeindruckende wirtschaftliche Wachstumsziffern führen seitdem alljährlich die Erfolge dieser Politik vor Augen, obschon dafür erhebliche Umweltzerstörungen billigend in Kauf genommen worden sind. Auch in Großbritannien machte sich die im Mai 1979 neu ins Amt als Regierungschefin gewählte konservative Politikerin Margaret Thatcher auf den Weg, die Situation in ihrem Heimatland grundlegend zu verändern. Das allmähliche Ende des wirtschaftlichen und gesellschaftlichen Nachkriegskonsenses war gekommen.

Der Historiker Frank Bösch hat in *„Zeitenwende 1979"* die damalige Lage auf den britischen Inseln eindringlich beschrieben. Massive Einschränkungen des öffentlichen Lebens durch ausufernde Streiks gingen seinerzeit mit der zweiten Ölkrise 1979 einher. Es gab Streiks bei der Müllabfuhr, in Krankenhäusern, bei LKW-Fahrern und der Energieversorgung, selbst Friedhöfe waren davon nicht ausgenommen. Konflikte mit den Druckern sorgten dafür, dass die altehrwürdige Times ein Jahr lang nicht erscheinen konnte, was in einer analogen Welt eine andere, gravierendere Bedeutung als heute hatte. Der die allgemeine Stimmung abkühlende besonders kalte Winter 1978/79 ist über vierzig Jahre später als Winter der Unzufriedenheit in der Erinnerung der Zeitzeugen präsent. Für viele davon Betroffene schien die eng mit den Gewerkschaften verbundene regierende Labour-Partei mitverantwortlich und somit nicht vollkommen unschuldig an der Misere zu sein. Was die Menschen schließlich vor Ort in den kommenden Jahren erlebten, wird heute als neoliberale Wende bezeichnet. Ihre Eigentümlichkeiten und Besonderheiten treten noch klarer hervor, wenn man sich ins Gedächtnis ruft, was Liberalismus eigentlich ursprünglich bedeutet hat.

Der Liberalismus im 19. Jahrhundert

Neben Konservativismus und Sozialismus ist der Liberalismus eine der drei vorherrschenden politischen Strömungen des 19. Jahrhunderts gewesen. Dabei hat der Liberalismus nie ein in sich geschlossenes Weltbild angeboten, er beinhaltete daher nicht nur eine Idee oder Vorstellung davon, wie etwas zu sein hat, sondern eine Vielzahl von Ideen. Sie alle kreisen um die Eckpunkte Individuum, Gesellschaft, Markt und Staat und in welchem zu- oder abträglichen Beziehungsgeflecht sie sich zueinander befinden. Einem Liberalen des 19. Jahrhunderts war es vor allem darum zu tun, den Einzelnen vor als ungerechtfertigt wahrgenommenen Einschränkungen, auch vor staatlichen Eingriffen willkürlicher Natur zu schützen.

Dass die naturgegebenen Rechte des Bürgers vor der Allmacht des Staates zu schützen seien, geht auf die dem Zeitalter der Aufklärung entstammenden Überlegungen John Lockes zurück, während die politische Dimension, dass die Gewaltenteilung in einer Verfassung zu verankern sei, um dadurch die naturgegebenen Rechte vor Machtkonzentration und -missbrauch zu schützen, bei Charles de Montesquieu zu finden ist. Die wirtschaftsliberale Basis ist von dem schottischen Begründer der klassischen Nationalökonomie Adam Smith 1776 in *„The Wealth of Nations"* gelegt worden. Smith zufolge sind Arbeitsteilung und Spezialisierung die Quelle von Wohlstand und Fortschritt, die wiederum in einer freien Handel und freien Wettbewerb begünstigenden Gesellschaft besser gedeihen würden. Die zugrunde liegende und auch die wirtschaftlich Schwächeren berücksichtigende - oft übersehene - moralische Richtschnur wird beispielsweise deutlich an den ebenfalls im Wohlstand der Nationen enthaltenen Bemerkungen zum Thema Existenzlohn (engl. living wage).

Neoliberalismus

Neoliberalismus ist ein in jeder Hinsicht problematischer Begriff, da er durch bestimmte Auswüchse und von ihm verursachte Fehlentwicklungen als belastet zu bezeichnen ist. Niemand käme heute mehr auf die Idee, als bekennender Neoliberaler aufzutreten. Erschwerend kommt hinzu, dass mit Neoliberalismus ursprünglich, als der Wirtschaftswissenschaftler und Soziologe Alexander Rüstow den Begriff unter dem starken Eindruck der 1929 einsetzenden Weltwirtschaftskrise bei einer Pariser Expertentagung 1938 geprägt hat, etwas anderes gemeint war, als das, was seit geraumer Zeit unter dieser Etikettierung verstanden wird. Rüstow selbst stand der Freiburger Schule des Ordoliberalismus nahe, einer ökonomischen Ausrichtung, die direkt in die Wirtschaftsverfassung der Bundesrepublik Deutschland einmündete und unter dem Namen Soziale Marktwirtschaft allgemein bekannt ist. Walter Eucken, einer der geistigen Väter des Ordoliberalismus, hat das zugehörige Leitbild auf die Formel, *"Staatliche Planung der Formen - ja; staatliche Planung und Lenkung des Wirtschaftsprozesses - nein"*, gebracht. Das Konzept der Sozialen Marktwirtschaft selbst ist von Alfred Müller-Armack 1946 in seinem Werk „*Wirtschaftslenkung und Marktwirtschaft*" entwickelt worden und sollte nach den Vorstellungen des Autors geeignet sein, unter Einbeziehung von Elementen der christlichen Sozialethik die Mängel sowohl des ungezügelten Kapitalismus als auch der zentral gelenkten Planwirtschaft zu vermeiden.

Demgegenüber ist der Neoliberalismus, so wie wir ihn heute verstehen, durch eine Kombination mehrerer Elemente bestimmt, denen ein rigider Marktfundamentalismus zu eigen ist. Unter dem Postulat der Rückführung der Staatsquote, also derjenigen volkswirtschaftlichen Kennzahl, die das Verhältnis der Staatsausgaben zum Bruttoinlandprodukt wiedergibt, ist dabei vorrangig der Abbau von Sozialleistungen zu verstehen. Die durch finanzielle Umverteilung seitens des Staates mögliche Schaffung von sozialem Ausgleich zwischen Arm und Reich wird als zu vernachlässigende Kategorie angesehen, soziale Ungleichheit als gegeben hingenommen. Einer der wichtigsten Vordenker der neoliberalen Denkschule, der viele Jahre in Chicago lehrende Milton Friedman, sah im Sozialstaat nur ein teures Monster, sozialer Wohnungsbau wurde von ihm ebenso wie ein Mindestlohn abgelehnt. Friedman wird das geflügelte Wort zugeschrieben, wonach die staatliche Lösung eines Problems für gewöhnlich genauso schlecht sei wie das Problem selbst. Weiterhin propagiert der Neoliberalismus im Zeichen der unbedingten Freiheit der Märkte die Deregulierung des Kapitalverkehrs sowie die weitestmögliche Privatisierung ehemals staatlicher Aufgaben. Erstes tatsächliches Experimentierfeld der

Neoliberalen wurde nach dem Sturz Allendes die Militärdiktatur des Generals Augusto Pinochet in Chile ab der Mitte der 1970er Jahre. Die Folgen, die sich hier vor Ort aus dem weitgehenden Rückzug des Staates aus dem Wirtschaftsgeschehen ergaben, sind indessen nach wie vor hochumstritten. In Großbritannien, wo Margaret Thatcher unter häufiger Bezugnahme auf die ökonomischen Theorien des aus Österreich stammenden, mit dem Nobelpreis für Wirtschaftswissenschaften dekorierten Friedrich August von Hayek begann, den gewohnten gesellschaftlichen Konsens aufzubrechen, ging man ab 1979, nachdem man den winter of discontent hinter sich gelassen hatte, ebenso unter neoliberalen Vorzeichen zu Werke.

Thatcherismus

Die Privatisierung von Staatseigentum war gewiss keine exklusiv konservative Idee. Noch unter der Labour Party ist 1976 die staatliche Beteiligung am Ölmulti BP verkauft worden. Doch nun ging es Schlag auf Schlag. Auch bisher selbstverständliche Monopole blieben nicht ausgespart. Telekommunikation, Energieversorgung, Luftfahrt gehörten dazu, ebenso wie ein großer Teil des nach dem Krieg errichteten staatseigenen Wohnungsbestandes verkauft wurde.

Im Ergebnis bedeutete das, dass wertmäßig von allen weltweit zwischen 1984 und 1991 getätigten Veräußerungen von Staatsvermögen ein Drittel allein auf das Vereinigte Königreich entfiel. Die nunmehr von staatlichen Fesseln befreiten privatisierten Unternehmen haben im Bestreben, ihre Effizienz zu steigern in der Folge eine große Zahl von Arbeitnehmerinnen und Arbeitnehmern freigestellt, sprich entlassen. Die Zahl der Arbeitslosen, die 1977 unter der Regierung von James Callaghan 1,6 Millionen Menschen zählte, hatte sich bis 1985 auf mehr als 3,2 Millionen Erwerbslose verdoppelt und blieb während der Amtszeit von Margaret Thatcher eine der höchsten in Europa. Wo Privatisierung aussichtslos erschien, wie im Fall unwirtschaftlicher Zechen, wurden die Betriebsstätten kurzerhand geschlossen, die Subventionen für die Kohleindustrie gestrichen und die Macht aufbegehrender Gewerkschaften auf dem Rechtsweg gebrochen.

In seiner *„Geschichte Europas von 1945 bis zur Gegenwart"* ist der 1948 in London gebürtige Historiker Tony Judt zu einem Resümee über diese Zeit gelangt, das wenig schmeichelhaft und überwiegend kritisch ausfällt. Auf der Habenseite verbucht Judt, dass die Volkswirtschaft des thatcherisierten Großbritannien insgesamt durchaus leistungsfähiger geworden war. Demgegenüber habe die Gesellschaft als Ganzes eine Kernschmelze mit katastrophalen langfristigen Folgen erlebt. Durch Geringschätzung und Abwicklung sehr vieler in öffentlicher Hand befindlicher Ressourcen, durch die lautstarke Propagierung einer soziale Aspekte vernachlässigenden individualistischen Ethik, die einzig und allein quantifizierbare Werte gelten ließ, habe Margaret Thatcher jedoch dem Gefüge des öffentlichen britischen Lebens schweren Schaden zugemutet. Bürger seien zu

Aktienbesitzern oder Anlegern mutiert, ihre Beziehung untereinander und zur Gesamtheit sei in Aktivposten und Ansprüchen statt in Verdiensten oder Pflichten gemessen worden. Die Premierministerin des Vereinigten König- reichs war eben nach mehrfach dargelegtem eigenem Bekunden davon überzeugt, dass es *„so etwas wie die Gesellschaft nicht gibt"*, was ähnlich in der Überlegung, *„Und der vorherrschende Glaube an „soziale Gerechtig- keit" ist gegenwärtig wahrscheinlich die schwerste Bedrohung der meisten anderen Werte einer Zivilisation"*, des von ihr hochgeschätzten Ökonomen Friedrich August von Hayek zum Ausdruck gekommen ist. Als Konsequenz der Vernachlässigung der öffentlichen Räume stiegen mit dem Anteil der Bevölkerung, der beständig in Armut sein Dasein fristete, verschiedene Formen der Kriminalität an. Von der Deregulierung der Finanzmärkte im Zuge des Big Bang 1986 profitierten hingegen Ober- und gehobene Mittelschicht, die soziale Schere öffnete sich immer weiter.

Zum Schluss

Selbstverständlich sind nicht alle neoliberalem Denken entspringenden ökonomischen Ideen per se schlecht, einige von ihnen mögen durchaus geeignet sein, eine segensreiche Wirkung zu entfalten, die Risiken und Gefahren liegen eher im für den gesellschaftlichen Zusammenhalt toxischen Gesamtpaket. Man rufe sich nur in Erinnerung, dass dem Zusammenbruch der Invest- mentbank Lehman Brothers am 15. September 2008 und der danach folgenden weltweiten Finanzkrise mehrere

Jahre (2005 bis 2007) vorausgingen, in denen das finanzielle Volumen der Geschäftstätigkeit von Schattenbanken dasjenige der stärker regulierten traditionellen Banken überstieg. Zu den Schattenbanken gehören etwa Verbriefungszweckgesellschaften oder Geldmarkt-, Aktien-, Renten- und Hedgefonds. Dem regulatorischen Zugriff weitgehend entzogen und damit neoliberalen Wunschträumen entsprechend, sind sie nach wie vor aktiv und bergen – auch für staatliche Aufsichtsbehörden - nur schwer zu überschauende Risiken für die langfristige Finanzstabilität. 2007/2008 waren es in forderungsbesicherten Wertpapieren gebündelte Subprime-Kredite, die ganz einfach nicht den Wert besaßen, den man ihnen beimaß, die beinahe zur Kernschmelze an den Finanzmärkten führten.

Vor der Amtseinführung von Ronald Reagan als neuer US-Präsident im Januar 1981, also knapp zwei Jahre nach der Inauguration von Margaret Thatcher als Premierministerin in Großbritannien, haben Schattenbanken noch nicht die Rolle eingenommen und gespielt, die sie später als ein Ergebnis der von vielen gerühmten *"Reaganomics"* einnehmen sollten. Ebenfalls stark von der neoliberalen Denkschule beeinflusst, gehörte die Senkung des Spitzensteuersatzes der Einkommensteuer von 70 Prozent in Regionen um die 30 Prozent mit zu den ersten wichtigen finanzpolitischen Maßnahmen der neuen Administration. Man ging von dem Glauben aus, die Trickle-down-Theorie würde greifen, das heißt der Wohlstand der Reichen würde durch deren Konsum und deren Investitionen zu den unteren Schichten der

Gesellschaft durchsickern. Renommierte Ökonomen wie Paul Krugman und Joseph Stiglitz bestreiten allerdings die Stichhaltigkeit dieser These, die vorzugsweise von Angehörigen der Republikaner auch gegenwärtig noch vertreten wird.

Während neoliberale Politik Wohlhabende und Reiche mit Wohltaten versah, kann seit Beginn der 1980er ein Anstieg der Einkommensungleichheit in den USA beobachtet werden. Neuere Berechnungen des die Ungleichheit von Privatvermögen messenden Gini-Koeffizienten für das spätklassische Athen in der Antike haben ergeben, dass der dortige Wohlstand gleichmäßiger als in den USA 1998 verteilt war.

Neoliberalismus als segensreiches Projekt, das allen zu gute kommt? Es dürften jedenfalls ernsthafte Zweifel angemeldet werden!

15. Wiedervereinigung

Vergnügte und fröhlich feiernde Menschen, nicht wenige von ihnen mit schwarz-rot-goldenen Fahnen in den Händen, haben furchtlos und guten Glaubens, keine Todesangst mehr haben zu müssen die Mauer erklommen, die Berlin seit 1961 in einen westlichen und einen östlichen Teil getrennt hat. Das ist inzwischen gut dreißig Jahre her und mit zunehmendem zeitlichen Abstand überrascht und erstaunt mit welchem rasanten Tempo vielerorts von unterschiedlichen Akteuren geführte politische Verhandlungen geradewegs in die deutsche Wiedervereinigung am 3. Oktober 1990 eingemündet haben.

Warum gelang gerade damals, was seit der Staatsgründung der Deutschen Demokratischen Republik und der Bundesrepublik Deutschland 1949 auf den traurigen Trümmern der Erbmasse des nationalsozialistischen Dritten Reiches als bloße Illusion erschien? Noch im Juni 1989 äußerte sich der der SPD zugehörige seinerzeitige Oppositionspolitiker Gerhard Schröder in einem Zeitungsinterview überaus skeptisch: *"Nach vierzig Jahren Bundesrepublik sollte man eine neue Generation in Deutschland nicht über die Chancen einer Wiedervereinigung belügen. Es gibt sie nicht."* Einer der Vordenker der Partei der Grünen, der prominente Joschka Fischer, fragte selbst eine Woche nach dem Mauerfall in der tageszeitung vom 16. November 1989: *"Droht die Wiedervereinigung?"* Als hellsichtiger erwies sich jedoch im Sommer 1989 eine in mehrerlei Hinsicht gewichtige Stimme, die des amtierenden Bundeskanzlers Helmut Kohl. Die Historikerin Kristina Spohr berichtet in *„Wendezeit"* von einem denkwürdigen Zusammentreffen des Pfälzers mit dem seit März 1985 neu das Amt des Generalsekretärs des Zentralkomitees der Kommunistischen Partei der Sowjetunion bekleidenden Michail Sergejewitsch Gorbatschow. Gerade war ein ausgiebiges gemeinsames Essen im Bonner Kanzlerbungalow beendet worden, als sich Kohl und Gorbatschow dazu entschlossen haben, nur mit einem Übersetzer als Begleitung die kurze Wegstrecke zum Rhein hinunter zu gehen. Auf einer Mauer sitzend, blickten sie auf die Hügel des Siebengebirges am anderen Ufer im Abendlicht. Beide stellten sich eine grundlegende und umfassende Neuordnung der deutsch-sowjetischen Beziehungen vor, die in einem entsprechenden Vertragswerk angemessen festgehalten werden müsste. Kohl habe jedoch davor gewarnt, dass dies unmöglich sei, solange Deutschland geteilt bleibe. Als Erwiderung bekam er zu hören, dass die Teilung die logische Folge der geschichtlichen Entwicklung sei. Der in späteren Jahren unentwirrbar in die Niederungen der CDU-Parteispendenaffäre verstrickte Helmut Kohl zeigte sich anschließend auf dem Höhepunkt seiner visionären Gestaltungskraft und tiefen Einsichtsfähigkeit für historische Notwendigkeiten, indem er auf den vor ihnen dahinfließenden breiten, unergründlichen Rhein wies. Der Kanzler hob die geschichtliche Symbolkraft des Flusses hervor, die nichts Statisches an sich habe. Immer würde sich der Rhein seinen Weg zum Meer bahnen, selbst dann, wenn man ihn stauen würde. Ganz ähnlich verhielte es sich mit der deutschen Einheit, die man allenfalls verzögern, nicht aber verhindern und unterbinden könne.

Bereits einige Monate zuvor hatte Gorbatschow bei einer vielbeachteten Rede vor der Generalversammlung der Vereinten Nationen in New York eine Abkehr von altbewährten Grundsätzen erkennen lassen. Am 7. Dezember 1988 brach der in einem kleinen Dorf im Nordkaukasus geborene Reformer mit der Breschnew-Doktrin, dem von Moskau beanspruchten Recht im eigenen osteuropäischen Einflussbereich militärisch zu intervenieren, wo es notwendig und geboten erschien. Leidtragende waren vor allem diejenigen, die während der Volksaufstände 1953 in der DDR, 1956 in Ungarn und 1968 während des Prager Frühlings in der Tschechoslowakei Opfer der sozialistischen Bruderhilfe durch die Rote Armee wurden. Doch wenn man Gorbatschow richtig verstand, gehörten derartige Eingriffe in Zukunft der Vergangenheit an. Wer bereit war, dahinter ehrliche Statements und kein PR-Getöse zu erblicken, konnte damit größer werdende mögliche Chancen zur Öffnung des Eisernen Vorhangs, der sich nach den Worten Churchills gleich nach Kriegsende auf einer durchgängigen Linie von Lübeck im Norden bis Triest im Süden niedergesenkt habe, ausmachen. Schließlich haben die Unruhen, die in Polen im Sommer 1980 zur Gründung der freien Gewerkschaft Solidarnosc geführt haben, zwar zur Verhängung des Kriegsrechts durch General Jaruzelski im Dezember 1981 geführt, eine militärische Einmischung durch die Sowjetunion, mit der man im Warschauer Pakt verbündet war, blieb jedoch zur Überraschung mancher aus.

Eine schwächelnde Wirtschaft

Glasnost (Transparenz) und Perestroika (Umgestaltung) waren die wichtigsten Schlagworte mit denen der Charismatiker aus dem Kreml seine von humanistischem Denken getragenen allgemeinen politischen und gesellschaftlichen Reformbemühungen verband. Und dennoch waren es die sich stetig über die Jahre verschlechternden ökonomischen Rahmenbedingungen, die den gesamten Ostblock und somit auch die DDR an den Rand des Abgrunds brachten. Wie die SED-Führung, die eine drohende Zahlungsunfähigkeit nach den Erfahrungen der Liquiditätskrise von 1982 befürchtete, damals mit den vorhandenen Problemen umging, hat der Historiker Heinrich August Winkler in *„Der lange Weg nach Westen"* eindrücklich thematisiert. Als eine der Ursachen der zunehmend anwachsenden West- verschuldung des aus Ruinen auferstandenen und der Zukunft zugewandten Landes zwischen Elbe und Oder benennt Winkler die Umstellung der ostdeutschen Heizwerke und Dampferzeuger von Heizöl auf Braunkohle. Dies war notwendig und möglicherweise unumgänglich geworden, da man die sowjetischen Mineralölerzeugnisse, die man erhielt, lieber in den Westen exportierte, um Deviseneinnahmen zu generieren, als sie selbst zu verbrauchen. Als nun die Sowjetunion im Zuge der zweiten Ölkrise 1979 dazu überging Lieferkürzungen vorzunehmen, wurden die Probleme zwangsläufig größer. Und zwar so bedeutend, dass der heute allgemein wenig bekannte, aber damals wichtige DDR-Politiker Werner Krolikowski Ende März 1983 die Zahlungsfähigkeit der DDR in ernster Gefahr sah. So kam es dazu, dass die Bundesrepublik – ausgerechnet in Person des bekannten antikommunistischen Hardliners und CSU-Politikers Franz Josef Strauß – in die Bresche sprang und am 29. Juni 1983 dazu bereit war, großzügig einen ersten Kredit über 1 Milliarde DM ohne die Vereinbarung von Gegenleistungen zu gewähren. Was ansonsten vorgefallen und passiert wäre, darüber kann nur spekuliert werden. Chaos war jedenfalls in niemandes Interesse.

Der Historiker, Publizist und Karlspreisträger Timothy Garton Ash, neben Gordon A. Craig, Fritz Stern, Hugh Trevor-Roper und einigen wenigen anderen Mitglied eines handverlesenen Beratergremiums, das im März 1990 auf dem Landsitz der britischen Premierministerin Chequers zusammengekommen war, um Margaret Thatcher und Außenminister Hurd fundierten Rat in Sachen deutscher Geschichte und Politik zu erteilen, hat in „Ein Jahrhundert wird abgewählt" zwar sicher zu Recht darauf verwiesen, dass neben den günstigen Krediten auch die heimliche Mitgliedschaft der DDR in der Europäischen Gemeinschaft dazu beigetragen hat, ihre eigenen Bürger besser als es die östlichen Nachbarn konnten, mit Konsumgütern zu versorgen. 1989 waren dennoch lediglich 17,2 Prozent aller Haushalte mit einem privaten Telefonanschluss ausgestattet, während die entsprechende Quote im Westen bei 98 Prozent lag. Farbfernseher konnten in der DDR 52 Prozent der Haushalte ihr eigen nennen, in der BRD waren es 94 Prozent. Das annualisierte Bruttoinlandsprodukt pro Kopf betrug mit 14.000 DM lediglich 38,7 Prozent der westdeutschen Kennzahl, ein Wert der 1950 noch bei 50 Prozent gelegen hatte und damit signifikant höher war. Der Produktivitätsabstand ist ergo über die Jahrzehnte größer und nicht kleiner geworden. Der Widerspruch zu der beim SED-Parteitag im Juni 1971 von Erich Honecker vorgegebenen Kursänderung, die auf eine weitere Erhöhung des materiellen und kulturellen Lebensniveaus des Volkes abzielte, ist offensichtlich. Ein Selbstbetrug! Der Modernisierungsrückstand im innerdeutschen Vergleich insgesamt hat laut Einschätzung des Politik-wissenschaftlers Klaus Schroeder mindestens 20 Jahre betragen. So nimmt es nicht wirklich Wunder, dass der bekannte Ökonom Hans-Werner Sinn zu dem Resultat gelangt ist, die DDR habe sich 1989 in einem abgewirt-schafteten Zustand befunden, zu Produktivitäts-steigerungen oder zu Verbesserungen des Warenange-bots kaum mehr in der Lage.

Hier ist die wirkliche Zwangslage zu verorten, die im Ergebnis den in rasanter Schnelligkeit vollzogenen Beitritt des Arbeiter- und Bauernstaates zur Bundesrepublik Deutschland notwendig gemacht hat. Revolutionäres Chaos galt es unbedingt und vordringlich zu vermeiden!

Artikel 23 Grundgesetz oder Artikel 146 Grundgesetz?

Anders als seine britischen und französischen Amts-
kollegen hat US-Präsident George H. W. Bush die der
deutschen Wiedervereinigung vorausgehenden Verhandlungen stets wohlwollend begleitet. Nachdem die
zwischenstaatlichen Gespräche im Rahmen des Zwei-
Plus-Vier Formats abgeschlossen waren und beide
deutsche Staaten über die Parameter einer Währungs-,
Wirtschafts- und Sozialunion eine Übereinkunft erzielen
konnten, stand der Einigungsvertrag selbst ab dem 6. Juli
1990 auf der Tagesordnung. Die hier getroffenen
Regelungen betrafen so unterschiedliche Bereiche wie
Gesundheitswesen und Umweltschutz, Arbeit, Soziales,
Familie, Kultur, Bildung, Wissenschaft, öffentliche

Verwaltung und Rechtspflege, Rechtsangleichung, Finanzverfassung, öffentliches Vermögen und Schulden, um nur einen Ausschnitt wiederzugeben.

Grundsätzlich hat das Grundgesetz mit dem ihm innewohnenden Vorläufigkeitscharakter zwei Wege offengehalten, sollte Tag X einmal kommen. Nun war er da! Der Beitritt der DDR zum Geltungsbereich des Grundgesetzes wurde gemäß Artikel 23 auf dem schnelleren und nicht nach Artikel 146 auf dem langsameren Weg vollzogen. Dies ist nicht uneingeschränkt begrüßt worden und hat vielfältige Kritik, wie die des weltweit beachteten Philosophen Jürgen Habermas in einem Beitrag für die Zeit vom 30. März 1990 mit sich gebracht. Habermas hat hier zum Ausdruck gebracht, dass er es gerne gesehen hätte, wenn etwa über das Instrument eines Verfassungsgebenden Rats ein Prozess der Diskussion eingeleitet worden wäre, der nicht zuletzt den DDR-Bürgern eine Atempause zur Selbstbestimmung eingeräumt hätte. Er hat zudem bestritten, dass die Errichtung einer einzigen Staatsbürgernation auf den bisherigen Territorien der Bundesrepublik und der DDR durch die Sprachgemeinschaft, Kultur oder Geschichte bereits vorab entschieden, präjudiziert wäre. Eines kann man wohl kaum sagen, nämlich dass Habermas vollkommen unrecht gehabt hätte.

Und dennoch: Was wäre gewesen, wenn sich das 1990 geöffnete Zeitfenster während des von Habermas vorgeschlagenen Prozedere etwa wegen veränderter Rahmenbedingungen in Moskau einschließlich einer

Reaktivierung der Breschnew-Doktrin unerwartet geschlossen hätte? Daher wurde gehandelt, wie man
glaubte handeln zu müssen.

16. Ende der Sowjetunion

In seiner Rede zur Lage der Nation im April 2005 hat der russische Präsident Wladimir Putin wehmütig den Zerfall der Sowjetunion 1991 als die größte geopolitische Katastrophe des 20. Jahrhunderts bezeichnet. Nach sieben Dekaden Existenzdauer ist das auch als UdSSR bekannte Staatsgebilde vor inzwischen dreißig Jahren in seine Fragmente aufgelöst worden. Der erklärte Hauptgegner in der von US-Präsident Harry S. Truman 1947 entwickelten Doktrin war damit abhanden gekommen. Im März 1947 hatte Truman in einer Rede vor dem heimischen Kongress warnend die Hand gehoben und eine Politik der Eindämmung (containment policy) gegenüber kommunistischem Expansionsstreben zur Richtschnur eigenen Handelns erhoben. Damals hieß es: *„At the present moment in world history nearly every nation must choose between alternative ways of life. The choice is too often not a free one. One way of life is based upon the will of the majority, and is distinguished by free institutions, representative government, free elections, guarantees of individual liberty, freedom of speech and religion, and freedom from political oppression. The second way of life is based upon the will of a minority forcibly imposed upon the majority. It relies upon terror and oppression, a controlled press and radio, fixed elections, and the suppression of personal freedoms."* Ein halbes Jahr später hat Moskaus Chefideologe Andrei Schdanow geantwortet, indem er die vielbeachtete und lange gültige Zwei-Lager-Theorie präsentierte. Einem demokratischen, antiimperialistischen Lager stehe eben ein imperialistisches und undemokratisches gegenüber. Die dazugehörige geographische Trennlinie hat Winston Churchill in seiner oft zitierten Metapher vom Eisernen Vorhang, der sich quer durch Europa von Lübeck im Norden bis Triest im Süden abgesenkt habe, verortet und bestimmt. Jeweils die eigenen Werte und Vorstellungen sowie das eigene Territorium schützend, standen sich hier während des gesamten Kalten Krieges die beiden Militärbündnisse NATO und Warschauer Pakt argwöhnisch gegenüber. Stets einsatzbereit waren dabei die vorhandenen und permanent weiterentwickelten konventionellen und atomaren Waffensysteme, deren bloße Existenz für viele Millionen Menschen eine tagtägliche Bedrohung bedeutete.

Und auf einmal sollte alles vorbei sein. Wie konnte es dazu kommen?

Öl und Gas

Die aktuelle Diskussion um die in der Ostsee vom russischen Wyborg bis in die Nähe von Greifswald verlaufende Gaspipeline Nord Stream 2 macht deutlich, welch überragende Bedeutung der Export fossiler Rohstoffe für die russische Volkswirtschaft von heute nach wie vor besitzt. Das war zu Zeiten der Sowjetunion nicht anders. Zwischen 1975 mit einem Fördervolumen von 490,8 Millionen Tonnen und 1991 mit 515,9 Millionen Tonnen lag das riesige Land weltweit ununterbrochen an der Spitze aller ölfördernden Staaten. Dabei profitierte man zunächst insofern von den Ölkrisen 1973 und 1979/80, als dass der Preis für ein knapp 159 Liter umfassendes Barrel Rohöl im Dezember 1979 bisher ungeahnte, unerreichte Höhen erklommen hat und auf 32,50 US-Dollar angestiegen ist. Anders ausgedrückt: Innerhalb von nur sechs Jahren ist es zu einer Verzehnfachung des Preises gekommen. Als Folge davon glitten etliche westliche Industriestaaten in eine Rezession ab, und der wirtschaftliche Boom der Jahrzehnte des Wiederaufbaus nach Kriegsende ist spätestens hier an sein Ende gelangt. Es wurde daher vorläufig nicht mehr so viel Öl benötigt. Die Staaten, die auf Gewinne aus Energieexporten angewiesen waren einschließlich der Sowjetunion, die außer land- und forstwirtschaftlichen Produkten, Waffen, Militär- und Raumfahrttechnologie ansonsten allenfalls in einer sehr überschaubaren Größenordnung über international nachgefragte wettbewerbsfähige Güter verfügte, mit denen sich Devisen zur Finanzierung von Importkrediten erwerben ließen, gerieten zunehmend in die Bredouille. Der norwegische Historiker Odd Arne Westad hat in diesem Kontext in *Der Kalte Krieg* darauf verwiesen, dass die Gewinne aus den Energieexporten in guten Zeiten – solange die Preise hoch waren - eben auch dafür verwendet wurden, um die heimische Produktion hochwertiger Konsumgüter über den Plan hinaus zu erweitern, den Menschen im äußersten Osten Europas und in Sibirien das Leben im wahrsten Sinn des Wortes schmackhafter zu machen. Das Abstürzen der Ölpreise im Jahr 1981 bedeutete Westad zufolge für diese Bereiche der sowjetischen Wirtschaft eine schwere Schädigung, auch wenn die Planungsbürokratie das Phänomen als vorübergehenden Rückschlag zu verkaufen versucht hätte. Die Sowjetbürger hätten jedoch insbesondere in den Städten unmittelbar bemerkt, dass die Geschäfte noch schneller leer wurden und die Schlangen für Konsumgüter länger waren als in den 1950er Jahren.

Das Wohlstandsgefälle zwischen westlichen, mehr oder weniger stark am "American way of life ausgerichteten Gesellschaften und den Osteuropäern nahm also zu und eine sich stetig verbreiternde Medienlandschaft berichtete darüber. Weder KGB noch die Stasi oder andere befreundete Dienste waren imstande, ein Geheimnis daraus zu machen und die Menschen hinters Licht zu führen. Jahre später hieß es fragend in einer Kolumne in der New York Times vom 5. Dezember 2004, warum die Sowjetunion kollabiert sei und wann Wirtschaftsreformen in den gleichfalls wichtigen erdöl-produzierenden und -exportierenden arabischen Ländern ein heißes Thema geworden wären? Die für das „wann" gegebene Antwort waren die späten 80er und 90er Jahre, die Antwort für das „warum" war, dass die Ölpreise in den Keller gefallen wären. Nicht Ronald Reagan habe die Sowjetunion in die Knie gezwungen, sondern schlicht der Kollaps ihrer Öleinkünfte.

Perestroika und Glasnost

Umgestaltung und Transparenz, so die geläufige Übertragung der Begriffe Perestroika und Glasnost in die deutsche Sprache, waren die Schlagworte, denen im politischen Diskurs der zweiten Hälfte der 1980er Jahre enorme Bedeutung beigemessen wurde. Sie sind untrennbar mit der Person des Michail Sergejewitsch Gorbatschow, des seit März 1985 neu amtierenden Generalsekretärs des Zentralkomitees der Kommunistischen Partei der Sowjetunion (KPdSU), verbunden. Nach dem quälenden Stillstand unter seinen Vorgängern, den Gerontokraten Konstantin Tschernenko, Juri Andropow und dem späten Leonid Breschnew verkörperte der medienaffine, dynamische 54jährige einen neuen Politikertypus, und zwar einen der auch im Westen gut ankam. Die Probleme des Landes waren dem bis dato vorwiegend mit landwirtschaftlichen Fragestellungen vertrauten Nordkaukasier wohlbekannt und seine Mitstreiter im Geiste und er selbst machten sich daran, das Land politisch und wirtschaftlich grundlegend zu verändern. Zu diesem Personenkreis gehörte beispielsweise der ehemalige Botschafter in Kanada, Alexander Jakowlew, von Gorbatschow bereits im Oktober 1983 zum Direktor des Instituts für Weltwirtschaft und Internationale Beziehungen (IMEMO) berufen, einem der wichtigsten Thinktanks. Dazu gehörte anfänglich auch der spätere Königsmörder Boris Jelzin. Ihr zunächst gemeinsames Ziel bestand allerdings nicht in der Abschaffung des Kommunismus, sondern dem Sozialismus sollte ein menschliches Antlitz verliehen werden. Ganz ähnlich wie es von Alexander Dubcek während des Prager Frühlings 1968 in der Tschechoslowakei propagiert worden ist. Damals freilich sind die reformerischen Ansätze des sozialistischen Brudervolks von den Panzern der Roten Armee unerbittlich unterdrückt worden. Doch Gorbatschow selbst ist von der solche Interventionen legitimierenden Breschnew-Doktrin abgerückt, wie übrigens auch von Schdanows Zwei-Lager-Theorie, und in seinem Umfeld wichtiger Berater hielten sich einige auf, die zwanzig Jahre zuvor den Prager Frühling als jüngere Leute persönlich miterlebt hatten.

In den wenigen Jahren an der Macht gelang es Gorbatschow und den mit ihm verbündeten Reformern jedoch nicht, einen ökonomischen Kurswechsel in der Form vorzunehmen, als dass sich die Lebensverhältnisse des überwiegenden Teils der Bevölkerung entscheidend verbessert hätten. Zudem verschlechterte sich der Zustand der Staatsfinanzen rasant. Anfang 1989 wurde über ein seit Beginn der Perestroika aufgelaufenes Defizit von 133 Milliarden Rubeln berichtet. Die hohe Popularität des Generalsekretärs begann zu schwinden, die Beharrungskräfte der auf ihre kleinen und großen Privilegien bedachten Parteigenossen - die Partei hatte in allen zur Entscheidung anstehenden Fragen das letzte Wort, nicht die einzelnen Fachministerien - in nachge-ordneten Funktionen gewannen die Oberhand. Zu viele waren nicht gewillt mitzuziehen!

Erscheint es vor diesem Hintergrund gerechtfertigt, wenn Autoren wie Reinhard Lauterbach in *„Das lange Sterben der Sowjetunion"* Gorbatschow einen *„naiven Demokra-tieidealismus"* unterstellen? Das mag sein, aber ohne eine gehörige Portion Idealismus hätte dieser sich den gewaltigen Aufgaben, die auf ihn warteten, möglicherweise gar nicht erst gestellt.

Ende

Zwischen dem 11. März 1990 und dem 25. Dezember 1991 bildeten sich die 15 Nachfolgestaaten der Sowjetunion zu unabhängigen Republiken aus: Armenien, Aserbaidschan, Weißrussland, Estland, Georgien, Kasachstan, Kirgisistan, Lettland, Litauen, Moldawien, Tadschikistan, Turkmenistan, Ukraine, Usbekistan und dem die Rechtsnachfolge antretenden Russland. Am 8. Dezember 1991 wurde dem inzwischen als sowjetischer Präsident amtierenden Michail Gorbatschow telefonisch - darin drückt sich sein mittlerweile eingetretener realer Machtverlust am deutlichsten aus - mitgeteilt, dass der Vertrag zur Schaffung der UdSSR von 1922 außer Kraft gesetzt sei, die Sowjetunion war damit offiziell aufgelöst.

Die Zeit des Kalten Krieges war vorbei!

17. Neuer Kalter Krieg und Thukydides-Falle

Der Kalte Krieg ist seit dreißig Jahren Geschichte, was nach wie vor ein hinreichender Grund zu länderübergreifender Zufriedenheit, ja Dankbarkeit ist. Doch seit einigen Jahren mehren sich die Stimmen, die die Welt von heute in einem konfliktträchtigen Zustand verortet sehen, der wiederum mit dem eingängigen, weil altvertrauten Schlagwort Kalter Krieg versehen wird. Aber in einer als neu angesprochenen Variante. Die zunehmend abgekühlte und bisweilen frostige zwischenstaatliche Beziehung der USA zu Russland wird daher von manchen Fachleuten herangezogen, um den traditionellen Systemgegensatz zu revitalisieren. In diesem Sinne titelte die Welt am 11. November 2020: *„USA und Russland. Bidens neuer Kalter Krieg."* Oder wie das Handelsblatt mit Blick auf die Beziehungen zwischen dem Westen und Russland am 18. April 2021 zu kommentieren wusste: *„Die Warnung vor einem neuen Kalten Krieg ist kein dramatisierendes Gerede – sondern real."*

Wer sich die Mühe macht, einen Blick auf die in regelmäßigen Abständen veröffentlichten Auswertungen des renommierten Stockholm International Peace Research Institute (SIPRI) zu den weltweit getätigten Militärausgaben zu werfen, wird allerdings zu einem anderen Ansatz gelangen, was die gegenwärtigen globalen Konfliktpotenziale betrifft. Für das Jahr 2020 werden hier für Deutschland und Russland Militärausgaben in Höhe von 52,8 Milliarden Dollar bzw. 61,7 Milliarden Dollar festgestellt. Fürwahr beträchtliche Summen! Damit bewegen sich beide Staaten dennoch lediglich im Bereich eines Fünftels bzw. eines knappen Viertels dessen, was der chinesische Staat mit 252 Milliarden Dollar für denselben Zweck investiert hat. Gleichzeitig verzeichnet China für den Zeitraum von 2011 bis 2020 einen Anstieg der Militärausgaben - die damit 26 Jahre in Folge zugelegt haben - um 76 Prozent. Die zweitgrößte Volkswirtschaft der Welt ist demnach auch in diesem Sektor die Nummer 2, jedoch weit hinter den USA, deren Verteidigungsetat 778 Milliarden Dollar und damit das Dreifache im gleichen Zeitraum umfasst.

Die Tage, als der aus Schottland stammende Wirtschafts- und Finanzhistoriker Niall Ferguson und der Ökonom Moritz Schularick 2006 den Neologismus Chimerica prägten, um das vermeintlich beinahe symbiotische Zusammenwirken der beiden bedeutendsten Volkswirtschaften, ihr Streben nach gemeinsamen Win-Win Situationen zu beschreiben, sind längst Vergangenheit, sind überholt. Im Zeichen der sich seit einer Reihe von Jahren zuspitzenden bilateralen Handelskonflikte – sie haben selbst unter der vom Demokraten Joe Biden seit Januar 2021 geführten neuen US-Regierung kaum an Schärfe verloren – sieht die Mehrzahl von Experten, darunter der frühere australische Premierminister Kevin Rudd, der Politologe Sebastian Heilmann, der CDU-Politiker Armin Laschet und US-Präsident Joe Biden, in China und den USA die Antagonisten eines Neuen Kalten Krieges. Diese Interpretation der Gemengelage erfährt ebenfalls von chinesischer Seite Unterstützung etwa durch Yan Xuetong, dem Politologen und Direktor des Instituts für Internationale Studien der Tsinghua-Universität Peking.

Ein im März 2021 von den Autoren Elliot Ackerman und dem ehemaligen NATO-Oberbefehlshaber James Stavridis veröffentlichter dystopischer Roman mit dem Titel *„2034: A novel oft he next World War"* nimmt sich desselben Themas an. Demnach sind die USA und China im Jahr 2034 in eine Reihe militärischer Konflikte verwickelt, die ihren Ausgangspunkt in Streitigkeiten über Chinas Hoheitsanspruch im Südchinesischen Meer genommen haben. Es kommt zum Einsatz taktischer Atomwaffen und Länder wie Russland, der Iran und Indien werden alsbald ins Geschehen verwickelt, so dass die Welt sich am Rande des Dritten Weltkriegs bewegt. Alles nur Fiktion?

Vor mehr als zwanzig Jahren hat bereits Samuel P. Huntington in seinem *„Kampf der Kulturen"* das Südchinesische Meer und für dieses Gebiet formulierte Hoheitsansprüche als geographischen Ausgangspunkt für einen chinesisch-amerikanischen Konfliktfall modellhaft herangezogen. Das von Ackerman und Stavridis gegebene Beispiel ist insofern nicht originell. Was aber neu ist, und das ist der entscheidende Punkt: Tempo und Geschwindigkeit, mit der die Gegenspieler auf ein derartiges Szenario hinsteuern, haben zuletzt rasant zugelegt.

Die Thukydides-Falle

Zurück in die Antike: Zu Beginn des fünften vorchristlichen Jahrhunderts sahen sich die griechischen Stadtstaaten, die Poleis, einem übermächtigen Gegner gegenüber: dem gewaltigen, auf dem Vormarsch nach Europa befindlichen Perserreich, einer Art von antiker Supermacht. Widerstand war dringend zu organisieren, wollte man den eigenen gewohnten Lebensstil beibehalten. Insbesondere das militärische Know-how des wichtigsten maritimen Players, Athen, und der griechischen Vormacht zu Lande, Sparta, waren gefragt. Das Unglaubliche und Unerwartete geschah: Der Abwehrkampf gegen eine gewaltige Übermacht wurde bestanden. Leonidas und seine 300 Spartaner hatten am Engpass der Thermopylen aufopferungsvoll ihr Leben gegeben, um hinhaltend die griechische Einheit bewahren zu können, die Seeschlacht von Salamis konnte unter der Führung des gewieften und gerissenen Befehlshabers Themistokles gegen die Perser entschieden werden. Ebenso die Schlachten zu Lande bei Marathon, laut Althistoriker Christian Meier wie Salamis ein Zentralereignis der abendländischen Geschichte, und Plataiai.

Doch der 479 v. Chr. endgültig errungene Sieg entfaltete neben der darauf einsetzenden kulturellen Blüte in den folgenden Jahrzehnten zusehends den innergriechischen Dualismus zwischen Athen und Sparta. Interessensgegensätze, Neid und Missgunst breiteten sich aus. Die Weigerung Athens, den Schiffen eines spartanischen Bündnispartners die erbetene Hafeneinfahrt zu ermöglichen, war am Ende der casus belli. 431 v. Chr. begann der für die kommenden 27 Jahre tragischerweise die Geschicke Griechenlands bestimmende Peloponnesische Krieg. Chronist der Ereignisse wurde der Historiker Thukydides, der Geschichtsschreibung auf einem bisher auch von Herodot nicht erreichten Niveau betrieb. Geleitet vom Maßstab der Objektivität und Faktengenauigkeit zielte Thukydides auf eine tiefer gegründete Wahrheit, als diejenige aus dem bloßen politischen Tagesgeschäft mit ihren Ereignisfolgen sich ergebende. Als eigentlichen Kriegsgrund erkannte er das Wachstum Athens, das die Spartaner erschreckte und zum Krieg zwang. Es waren nicht die wechselseitigen Vorhaltungen, die es natürlich gab, sondern die kaum eingestandene Furcht der Spartaner vor der wachsenden Macht Athens.

Wieder in der Gegenwart. Als Thukydides-Falle hat der US-Politologe Graham Allison vor einigen Jahren warnend den nahezu unvermeidlichen Zusammenstoß zwischen der aufstrebenden (China) und amtierenden (USA) Weltmacht bezeichnet. Im 2017 erschienenen *„Destined for war. Can America and China escape Thucydides's trap?"* können die Argumente und Thesen des Autors nachvollzogen werden. Ob allerdings zwei antike Stadtstaaten, ob Athen und Sparta, die gerade einmal die Ägäis im erweiterten Küstengebiet vollständig beherrscht haben, geeignet sind, eine zutreffende historische Analogie zu bilden, darf natürlich hinterfragt werden. Allerdings schnappte die Thukydides-Falle in den vergangenen 500 Jahren in zwölf der von Allison untersuchten sechzehn

Fälle zu, nur viermal war ein friedlicher Ausgang beschieden.

Als vor kurzem im Juli 2021 der einhundertste Geburtstag der Kommunistischen Partei Chinas feierlich begangen wurde, war während der Jubiläumsrede des mächtigen Staats- und Parteichefs Xi Jinping nur wenig von bescheidener fernöstlicher Zurückgenommenheit zu spüren. Vielmehr hieß es da: *„Eine starke Nation muss eine starke Armee haben."* Warnend fügte Xi den Hinweis an, die Entschlossenheit Chinas bei der Verteidigung seiner territorialen Integrität nicht zu unterschätzen.

Wie wird sich ein Land, das alte Reich der Mitte, mit einer für die gesamte Menschheit so enormen geschichtlichen und kulturellen Bedeutung weiterhin verhalten und positionieren, dass, von den 1840ern bis in die 1940er Jahre hinein – dem Jahrhundert der Demütigungen - die niederdrückende Erfahrung von Fremdbestimmtheit und den damit einhergehenden Verlust der Autonomie erlitten hat, sich in den letzten Jahrzehnten der eigenen Kräfte und des eigenen Könnens aber immer mehr bewusst wird?

18. China in Vergangenheit und Gegenwart

Die 1949 einige Jahre nach den Wirren des auch in Fernost unendliches Leid verursachenden Zweiten Weltkriegs gegründete Volksrepublik China nimmt heute wie selbstverständlich auf der weltpolitischen Bühne eine tragende Hauptrolle ein. Wohl kaum jemand würde dies ernsthaft bestreiten wollen. Angesichts eines Staatsgebiets, das eine Fläche von fast 9,6 Millionen Quadratkilometern umfasst und damit 27mal so groß wie dasjenige Deutschlands ist und einer Bevölkerung, die annähernd 1,4 Milliarden Menschen zählt, ist es nicht weiter verwunderlich.

Bemerkungen zur Ökonomie

Wer erinnert sich nicht an Fernsehbilder aus den frühen Tagen des Farbfilms, wo uniform in blaue Arbeitskluft gewandete Menschen den ernsten Aufgaben ihres Arbeitsalltags nachgekommen sind? Sie gehören mittlerweile einer sich immer weiter entfernenden Vergangenheit an. Ebenso wie die Zeiten des vom Staatsgründer Mao Zedong - dem nahezu allmächtigen und mit einem monströsen Personenkult bedachten Steuermann des von kommunistischen Ideen inspirierten Staatsschiffs - ins Leben gerufenen Großen Sprungs nach vorn mit dem Jahr 1961 als abgeschlossen betrachtet werden dürfen. Ein wichtiges Element damals waren die Anlage und der Bau von Staudämmen und Bewässerungs-

anlagen, um Produktionssteigerungen in der Landwirtschaft zu erreichen, was für die traditionell von den
Segnungen des Ackerbaus lebende rurale Bevölkerung
von enormer Wichtigkeit war. Allein, der Widerspruch
zwischen Planerfüllungsziffern und einer funktionierenden Grundversorgung der Menschen sollte sich als zu
groß erweisen. Wohl mehr als 30 Millionen von ihnen
wurden Opfer katastrophaler Hungersnöte.

Als Deng Xiaoping in den frühen 1980er Jahren politisch
maßgeblich war, wurden unter seiner Ägide sukzessive
die Stellschrauben der Kollektivierung in der Landwirtschaft zurückgedreht. Eigener Landbesitz war zwar
nach wie vor nicht möglich, aber immerhin Eigentum an
den hergestellten Produkten. Die Einrichtung von
Sonderwirtschaftszonen in der wichtigen südöstlichen
Provinz Guangdong (Shenzhen, Zhuhai), Xiamen in der
Provinz Fujian und der gesamten Provinz Hainan brachte
für Investoren rechtliche und administrative Erleich-
terungen mit sich, durch die das Wirtschaftsleben
befördert wurde. Der alten portugiesischen Kolonie
Macau, heutzutage als Spielerparadies reüssierend, und
dem ehemals britischen Hongkong sollte späterhin ein
noch privilegierterer Status als Sonderverwaltungsregion
zukommen.

Im Jahr 2001 war es dann so weit, dass China der
Welthandelsorganisation (WTO) beitreten konnte.
Vertraglich wurden die Wechselbeziehungen zwischen
den Staaten festgelegt. Einerseits wurden die Märkte in
aller Welt für chinesische Waren geöffnet, und anderer-

seits wurde ausländischen Firmen der Markteintritt in China ermöglicht. Das im Vergleich zu westlichen Industrieländern geringe Lohnniveau erhob das Land in bis dato unbekannte Regionen, so dass man von der Werkbank der Welt zu sprechen begann. Chinas keine Defizitzeiträume aufweisende Handelsbilanz für die Jahre von 2007 bis 2020 verzeichnet im Jahr 2011 mit 154 Milliarden Dollar den geringsten Zahlenwert und 2015 mit 593 Milliarden Dollar den höchsten, womit aussagekräftige Hinweise auf eine leistungsfähige, funktionierende und dauerhaft Überschüsse erzielende Exportwirtschaft gegeben sind. Unter anderem damit konnten ausweislich der Angaben der Zentralbank bis Ende 2020 Währungsreserven in Höhe von 3,216 Billionen Dollar (=3216 Milliarden Dollar) angehäuft werden. Währungsreserven sind die von einer Noten- oder Zentralbank auf der Aktivseite in ausländischer Währung, Edelmetallen, Sonderziehungsrechten und Reservepositionen im Internationalen Währungsfonds (IWF) gehaltenen Mittel zu Devisenmarktinterventionen und zur Finanzierung von Außenhandelsdefiziten. Da die USA im Juni 2020 über einen weniger als 5 Prozent ausmachenden Bruchteil davon verfügten und als größtes Importland im weltweiten Güterhandel dem größten Exportland gegenüberstehen, wird deutlicher, was den Washingtoner Politstrategen Sorgen bereitet. Eine Antwort darauf besteht in der Erhebung zusätzlicher Zölle, um dem ansonsten unbehindert verlaufenden Waren- und Güterverkehr Barrieren und Hürden in den Weg zu stellen

Kolonialzeitliches Dilemma

Im frühen 15. Jahrhundert zur Zeit der Ming-Dynastie bereiste ein kühner chinesischer Seefahrer mit Namen Zheng He den Indischen Ozean bis zur ostafrikanischen Küste, grob gerechnet ein Dreivierteljahrhundert bevor Vasco da Gama in Gegenrichtung zu seiner legendären Fahrt um das Kap der Guten Hoffnung nach Indien antrat. Doch während Vasco als einer der ersten den Ruhm der portugiesischen Seefahrernation begründete, wurden seltsamerweise die Konstruktionszeichnungen und Schiffe von Zheng He, auch seine Reiseaufzeichnungen, der Vernichtung anheimgegeben. Man vermutet, dass die eifersüchtig um ihren vorherrschenden gesellschaftlichen Status fürchtenden Mandarine, die kaiserlichen Beamten und Bürokraten, auf keinen Fall wagemutigen und risikofreudigen Fernhändlern, Seefahrern und Kaufleuten ein sie selbst überragendes Maß an Bedeutung zukommen lassen wollten, das jenen im Austausch und Verkehr mit fremden Völkern und Ländern wohl unschwer zugefallen wäre. Anstatt Aufbruch wählte man die Isolation. Das bis zu jenen Tagen technologisch mit großem Vorsprung ausgestattete kaiserzeitliche China gab ergo ohne Not an wissbegierige, erkenntnisfreudige Westeuropäer (vor allem Portugiesen, Spanier, Niederländer, Franzosen, Schotten und Engländer) die maritime Führungsposition ab. Deren rasante Fortschritte in Kartenkunde und Geographie, Konstruktion und Bau von nautischen Instrumenten und verbesserten hochseefähigen Schiffstypen sowie deren Ausstattung mit

Geschützen, die global nicht ihres gleichen hatten, sollte sich schließlich im 19. Jahrhundert nachhaltig rächen.

Spätestens die sogenannten Opiumkriege ab 1839 dürften die aus dem Norden stammende seit der Mitte des 17. Jahrhunderts regierende Dynastie der Qing-Kaiser darauf aufmerksam gemacht haben, dass sich etwas nachteilig verändert hat. Es waren die Briten, die über den Hafen von Kanton, das heutige Guangzhou, vor allem Tee, Porzellan und Seide bezogen, im Gegenzug aber kaum Begehrenswertes anzubieten hatten. Was in der Gegenwart mit die Hauptursache für den Handelskonflikt der USA mit China ist, das bedeutende zwischenstaatliche Handelsdefizit, war auch damals Ursache der Differenzen. London glaubte, es am besten durch die Lieferung großer Mengen von Opium lösen zu können. Da die Chinesen es zusehends überdrüssig waren, weite Teile der eigenen Bevölkerung in den Niederungen der Drogenabhängigkeit versinken zu sehen, war irgendwann der casus belli gegeben. Er sollte für das Reich der Mitte mit einer krachenden Niederlage und überaus demütigenden Friedensverträgen enden. So musste etwa Hongkong an die Briten abgetreten werden, deren Kriegskosten zumal vollständig übernommen werden mussten.

Doch damit nicht genug. Das nunmehr eingeläutete Zeitalter der ungleichen Verträge zwischen China und den maßgeblichen westlichen Mächten wie Großbritannien, Frankreich, den USA, aber auch Russland und Japan rührte an die Grundfeste staatlichen Seins. Die Folge waren nämlich Einschränkungen der Souveränität bei der

Ausgestaltung von Politik, Verwaltung und Gerichts-
barkeit. Die Öffnung von Häfen für Handelsaktivitäten
von Ausländern und die Öffnung des Landes für die
christliche Mission mussten zudem hingenommen
werden. Bestrebungen der noch immer herrschenden
Qing-Dynastie das Land nach dem Vorbild Japans, das es
in der sogenannten Meiji-Revolution seit den späten
1860er Jahren geschafft hatte nach westlichem Beispiel
zu industrialisieren, kamen zu spät, zu zaghaft. Als sich die
kaiserliche Familie zum Zeitpunkt der Wende vom 19.
zum 20. Jahrhundert in den Wirren des Boxeraufstands
aus den Palastanlagen der Verbotenen Stadt in Peking vor
den anrückenden Regimentern der westlichen Fremd-
mächte zur Flucht gezwungen sah, war der Tiefpunkt
erreicht. Die Institution des Kaisertums sollte sich davon
nicht mehr erholen. China wurde 1912 Republik. Der
Monumentalfilm *Der letzte Kaiser"* von Bernardo
Bertolucci erzählt diese Geschichte in bewegenden
Bildern.

Gegenwärtige Entwicklungen

Mit diesen geschichtlichen Erfahrungen als Ballast im
Marschgepäck begegnet die aktuelle chinesische
Regierung strategischen Herausforderungen, wie sie sich
quasi vor der eigenen Haustür im Süd- und Ostchi-
nesischen Meer abzeichnen. Es sind neben der
umstrittenen Fragestellung um die Wiedervereinigung
mit Taiwan die Spratly-, Paracel- und Senkaku-
Inselgruppen, auf die ebenfalls andere Anrainerstaaten
wie Japan, Vietnam oder die Philippinen Hoheitsrechte

beanspruchen. Je nachdem, wer sich hier in überaus komplexen seerechtlichen Entscheidungsprozessen in einem völkerrechtlich verbindlichen Sinn durchsetzen wird, werden Wirtschaftszonen zur eigenen Nutzung abschließend definiert werden können. Dabei geht es unter anderem um reichhaltige Fischgründe und die Förderung von Erdöl.

In diesem Zusammenhang, China könnte sich ja im Verlauf eines weiter zuspitzenden Konflikts einer partiellen Sperrung lebensnotwendiger Schifffahrtswege wie dem Nadelöhr der Straße von Malakka ausgesetzt sehen, ist wohl die intensive Suche nach anderen landgestützten Alternativen zu sehen. Dem 2013 von Xi Jinping ins Leben gerufenen Projekt der Neuen Seidenstraße (One Belt, One Road = OBOR) kommt dabei entscheidende Bedeutung zu. Als Vehikel zur Finanzierung und gleichfalls als Gegenentwurf zum von Washington dominierten Internationalen Währungsfonds (IWF) und zur Weltbank ist dazu die Asiatische Infrastrukturinvestmentbank (AIIB)ins Leben gerufen worden. Deren Gründungsurkunde wurde am 29. Juni 2015 in Peking von 57 Ländern unterzeichnet, die USA, Kanada und Japan waren nicht dabei.

Die eingangs skizzierten sorgenvollen Konzeptionen von Allison, Huntington und anderen werden dadurch abgerundet, dass China schon heute in etlichen Zukunftsfeldern wie Informations- und Biotechnologie, E-Mobilität und vor allem auch Künstlicher Intelligenz (KI) sehr präsent, teilweise führend ist. Stefan Baron und

Guangyan Yin-Baron haben dazu bemerkt, dass künstliche Intelligenz von vielen Fachleuten als die Schlüsseltechnologie von morgen angesehen wird, nicht zuletzt auch für die Kriegführung der Zukunft. In ihrer generellen Bedeutung würde sie von manchen Experten auf eine Stufe mit der Elektrizität gestellt. Während KI in Deutschland oft genug verbunden mit der Angst um den Verlust von Arbeitsplätzen diskutiert werde, würde China offensichtlich genau an das Gegenteil glauben: einen neuen Markt, durch den viele neue Arbeitsplätze geschaffen werden können und für den, der dabei zuerst kommt, eine wirtschaftliche, politische und militärische Führungsrolle in der Welt bereithält.

19. Seidenstraße

Einleitung

Nach dem Ende des 2. Weltkriegs hat das globale Volumen im Warenhandel ganz erhebliche Steigerungsraten erfahren. Betrug der in US-Dollar gemessene Gesamtwert aller Exporte im Jahr 1950 lediglich 61,8 Milliarden Dollar, so wurden gegen Ende des Kalten Krieges 1990 bereits 3.495,7 Milliarden Dollar verzeichnet. Doch auch dieser gewaltige Betrag mutet bescheiden gegenüber den Zahlen für 2018 an. Innerhalb der letzten 28 Jahre sich der Wert auf 19.550,52 Milliarden Dollar mehr als verfünffacht.

Blickt man dagegen allein auf die prozentualen Anteile, die davon auf die Mitgliedstaaten der Europäischen Union entfallen, so ergibt sich für die Zahlen im Warenhandel, das heißt ohne Dienstleistungen und ohne EU internen Im- und Export, ein anderes Bild: Der globale Anteil sank von 22,8 Prozent 1970 auf 17,2 Prozent im Jahr 2000, worauf eine abermalige Reduktion auf 15,4 Prozent 2015 erfolgte. Das geht aus von der Bundeszentrale für politische Bildung veröffentlichtem Zahlenmaterial hervor, welches auf Daten der United Nations Conference on Trade and Development (UNCTAD) beruht.

Trotz erzielter Überschüsse von jeweils über 240 Milliarden Euro in den deutschen Handelsbilanzen -der pandemiebedingte Ausreißer nach unten im Jahr 2020 spielt in dieser Betrachtung keine Rolle - für die drei Jahre 2015 bis 2017, was gemeinhin als Indikator für eine äußerst leistungsfähige Wirtschaft herangezogen wird, sollte nicht übersehen werden, dass der hiesige Anteil am weltweiten Warenexport inklusive in die EU innerhalb der zwanzig Jahre von 1995 bis 2015 von 10,1 Prozent auf 8,0 Prozent gefallen ist.

Der somit messbare relative Bedeutungsverlust sowohl von Deutschland als auch der EU insgesamt als Akteure im internationalen Warenhandel könnte zunehmen, sofern etablierte Handelswege sich verlagern sollten, Handelsströme andere Bahnen als die bislang gewohnten einschlagen. Aktive Einflussnahme und aktive Teilhabe an diesbezüglichen Neujustierungen und Veränderungen könnten ebenso gut in einem positiven Szenario münden. Worum geht es konkret?

Chinas Masterplan

Im Herbst 2013 hat Xi Jinping, Staatspräsident der 1949 gegründeten Volksrepublik China, in Kasachstan eine aufsehenerregende programmatische Rede gehalten. Laut englischsprachiger Internetpräsenz des chinesischen Außenministeriums (Ministry of Foreign Affairs) ging es ganz wesentlich darum, dass *"Xi Jinping proposed that in order to make the economic ties closer, mutual cooperation deeper and space of development broader between the Eurasian countries, we can innovate the mode of cooperation and jointly build the "Silk Road*

Economic Belt" step by step to gradually form overall regional cooperation. First, to strengthen policy communication. Countries in the region can communicate with each other on economic development strategies, and make plans and measures for regional cooperation through consultations. Second, to improve road connectivity. To open up the transportation channel from the Pacific to the Baltic Sea and to gradually form a transportation network that connects East Asia, West Asia and South Asia. Third, to promote trade facilitation. All the parties should discuss the issues concerning trade and investment facilitation and make appropriate arrangements. Fourth, to enhance monetary circulation. All the parties should promote the realization of exchange and settlement of local currency, increase the ability to fend off financial risks and make the region more economically competitive in the world. Fifth, to strengthen people-to-people exchanges. All the parties should strengthen the friendly exchanges between their people to promote understanding and friendship with each other."

Handelt es sich bei dem auch als *"Belt and Road Initiative (BRI)"* bekannt gewordenen Projekt, das im deutschsprachigen Raum gerne mit *"Ein Band, eine Stra-ße"* bezeichnet wird, um mehr als um wohlmeinende Absichtserklärungen? Das mediale Echo gegenüber dem, was in den vergangenen zehn Jahren seit der Rede von Xi passiert ist, besagt eindeutig das Gegenteil. Vielfältige, umfangreiche Infrastrukturmaßnahmen wie der Bau von Eisenbahnlinien mit dazugehörigen Bahnhöfen, Straßen,

Öl- und Gaspipelines, Kraftwerken, Flug- und Seehäfen, neuen Stadtvierteln an neuen Wirtschaftkorridoren künden von milliardenschweren Investitionen, die bereits durchgeführt wurden, auch von denen, die noch bevorstehen. Überregionale und internationale Medien haben dafür Headlines wie *„A New Silk Road"*, *„Neue Seidenstraße: Chinas Anker in Europa"*, *„Neue Handelswege: Chinas langer Weg nach Westen"* oder *„Follow the New Silk Road"* erdacht. Um die Dimensionen des Themas klar zu machen: Sollten irgendwann in der Zukunft alle Projekte mit einem angedachten Investitionsvolumen von 900 Milliarden Dollar realisiert worden sein, dann hätte das wohl größte Infrastrukturprojekt der Menschheitsgeschichte stattgefunden.

Gemeinsamer Nenner und Zentrum aller Planungen, Ideen und Projekte ist ein uralter Handelsweg, ein sich durch Asien bis nach Europa ziehendes transkontinentales Band: die legendäre, sagenumwobene Seidenstraße. Nicht zuletzt ihre seit mehr als zwei Jahrtausenden bestehende Existenz ist ein Hauptgrund für die Schnelligkeit gegenwärtiger Projektfortschritte.

Der Begriff selbst wurde von dem Geographen Ferdinand von Richthofen geprägt, der 1877 erstmals von Seidenstraßen sprach und sich dabei im Plural ausdrückte. Die Vielzahl der Abzweigungen in Nord-Süd-Richtung sollte trotz der ihnen eigenen Bedeutung den Blick nicht davor verstellen, dass es im Kern immer um jenes um eine Haupttangente gruppiertes Wegenetz in ost-westlicher Ausrichtung vom chinesischen Xian, dem alten Changan, bis Istanbul und weiter nach Venedig geht. Damit ist seit alters her teilweise eine maritime Komponente vorhanden.

Die Anfänge der Seidenstraße

In der Antike waren die Kenntnisse und Fertigkeiten, die zur Herstellung von Seidenstoffen notwendig waren, ein exklusives chinesisches Privileg. Der Fund von golddurchwirktem Brokatstoff, einem aus Seide bestehendem textilen Gewebe, in einem keltischen Fürstengrab des 6. vorchristlichen Jahrhunderts auf der Heuneburg im Landkreis Sigmaringen an der oberen Donau verweist demnach darauf, dass er durch Austauschbeziehungen dorthin gelangt sein dürfte. Da in etwa gleichzeitig der Ausbau eines großzügigen, einige tausend Kilometer umfassenden Straßennetzes im altpersischen Reich der Achämeniden innerhalb eines von der Ägäis bis zum Himalaya reichenden geographischen Raumes stattgefunden hat, waren die grundsätzlichen Möglichkeiten dazu gegeben.

Weiter östlich in China prägten staatliche Zerfallserscheinungen und Unordnung das Leben der Menschen. Für die Dauer vom 5. bis zum 3. vorchristlichen Jahrhundert wird daher von der Periode der Streitenden Staaten gesprochen. Erst 221 v. Chr. schafft es der Herrscher von Qin die anderen sechs Königreiche unter seiner Führung zu vereinen. Unter dem Namen Qin Shi Huang Di lässt er sich zum ersten Kaiser ausrufen. Kulturgeschichtlich heute immer noch bedeutsam ist die

Tatsache, dass zu jener Zeit die weltbekannte Terrakotta-Armee erschaffen wurde. Doch auch das Verkehrsnetz erlebte einen rasanten Ausbau auf mehrere tausend Kilometer Straßenlänge. Unter der 206 v. Chr. begründeten Han-Dynastie, sie sollte für die kommenden vierhundert Jahre unter starken konfuzianischen und taoistischen Einflüssen für Stabilität sorgen, fand erstmals eine Öffnung Chinas zur Außenwelt statt. Eine dreizehnjährige Forschungs- und Erkundungsreise führte den kaiserlichen Beauftragten Chang Chien ab 139 v. Chr. in westliche Gebiete jenseits der Wüsten Gobi und Takla Makan, wo ihm in Persien über das Römische Reich berichtet wurde.

Während die Dinge im östlichen Asien ihren Lauf nahmen, äußerten römische Autoren wie Seneca ihr Bedauern über die Beliebheit von Seidenstoff in Rom. Plinius der Ältere geht in seiner *„Naturalis Historia"* sogar so weit zu behaupten, dass riesige Geldsummen, die das Hundertfache des eigentlichen Wertes repräsentieren würden, für Luxusgüter aus Asien ausgegeben würden. Im Jahr 166 n. Chr., inzwischen war der für seine philosophischen Neigungen bekannte Marc Aurel Cäsar, erreichte schließlich eine offizielle römische Gesandtschaft China. Ob es sich tatsächlich um mehr als eine Gruppe von Kaufleuten gehandelt hat, ist allerdings umstritten. Wer sich als Kaufmann und Händler auf den Landweg nach Osten begab, vorzugsweise in einer als Karawane organisierten Gemeinschaft, sah sich nicht nur den gewaltigen Gebirgszügen des Pamir und Tien Shan gegenüber, sondern auch der Notwendigkeit irgendwie die

Takla Makan Wüste, nach der Sahara die nächstgrößere Sandwüste überhaupt, zu überwinden. Dafür boten sich eine nördliche oder eine südliche Umgehung an, die sich westlich von Dunhuang wieder zur Seidenstraße vereinigten.

Im Austausch für römisches Glas, Silber und Gold oder Bezahlung mit Münzen nahm man die begehrten Waren wie Seide, Gewürze, Jade, Medikamente, Lack, Frühformen von Porzellan und vieles mehr in Empfang. Durch die wagemutigen Fernhändler jedoch wurden nicht allein materielle Güter verbreitet, sondern Ideen, Wissen, Philosophien und Religionen strahlten weithin aus. Der in Persien beheimatete Zoroastrismus gelangte derart bis in die Cyrenaika und an den Unterlauf des Indus, die im syro-palästinensischen Raum ursprünglich verorteten jüdischen und christlichen Glaubenslehren blieben geographisch nicht lange auf ihre heimatlichen Gefilde beschränkt. Gegenüber dem Buddhismus bemerkte der britischer Historiker Peter Frankopan, dass sich schon bald buddhistische Vorstellungen und Sitten über den Pamir hinweg und bis nach China ausgebreitet hätten. Zu Beginn des 4. Jahrhunderts habe es in der ganzen Provinz Xinjiang im Nordwesten Chinas heilige buddhistische Stätten gegeben, etwa den spektakulären Höhlenkomplex bei Qyzyl im Tarimbecken, zu dem Gebetshallen, Räume für die Meditation und großzügige Wohnquartiere gehörten. Binnen kurzer Zeit habe es im Westen Chinas von Orten gewimmelt, die zu Kultstätten umgewandelt waren, etwa in Kaschgar, Kucha und Turfan. Um das Jahr 460 herum ist dem traditionellen Konfuzianismus durch die buddhistische Lehre, ihre Riten, Kunst und Bilderwelt, die inzwischen zu einem festen Bestandteil der chinesischen Kultur geworden waren, eine starke Konkurrenz erwachsen.

Fazit

Die alte Seidenstraße, deren große Bedeutung bis zum 13., nach anderer Auffassung bis zum 15. Jahrhundert andauerte, hat durch die von ihr erst ermöglichten Wirtschaftsbeziehungen zu einem besseren Verständnis einander fremder Völker beitragen können. Eine friedliche Welt hat sie gewiss nicht erschaffen. Welchen Ertrag ihre moderne Variante außer dem Austausch von Wirtschaftsgütern bereithält, wird erst die Zukunft erweisen. Ein konkreter westlicher Beitrag über die Ausgestaltung von Handelsbeziehungen hinaus könnte jedoch im Setzen und Export von Umweltstandards bestehen, die hiesige Umwelttechnik etwa mit ihrem Können und Know-how die Menschen am nicht nur sprichwörtlichen Wegesrand der Infrastrukturmaß-nahmen vor ökologischen und sozialen Verwerfungen bewahren.

20. Auswahlbibliografie und Bildnachweis

Ackerman, Elliot u. Stavridis, James G.: 2034: A novel of the next World War, New York 2021.

Allison, Graham: Destined for war. Can America and China escape Thucydides´s trap?, Boston 2017.

Andrew, Christopher: MI 5. Die wahre Geschichte des britischen Geheimdienstes (engl. Orig.: London 2009), Berlin 2011.

Applebaum, Anne: Der Eiserne Vorhang. Die Unterdrückung Osteuropas 1944-1956 (amerik. Orig.: New York 2012), München 2013.

Baron, Stefan u. Yin-Baron, Guangyan: Die Chinesen. Psychogramm einer Weltmacht, Berlin 2018.

Baumann, Bruno: Die Seidenstraße. Auf der legendären Route nach Asien, München 2013.

Bernays, Edward: Propaganda (amerik. Orig.: New York 1928), Freiburg im Breisgau 2007.

Bösch, Frank: Zeitenwende 1979. Als die Welt von heute begann, München 2020.

Borchert, Wolfgang: Das Brot, in: ders., Draussen vor der Tür und ausgewählte Erzählungen, Hamburg 1998, S. 105f.

Buchheim, Christoph: Wirtschaftliche Hintergründe des Arbeiteraufstandes vom 17. Juni 1953 in der DDR, in: Vierteljahreshefte für Zeitgeschichte 38 (1990), S. 415-433.

Churchill, Winston S.: Der Zweite Weltkrieg, Frankfurt am Main 2003.

Conrad, Joseph: Herz der Finsternis (engl. Orig.: Edinburgh 1899), Zürich 2004.

Fitzgerald Kennedy, Rose: Alles hat seine Stunde. Meine Lebenserinnerungen (amerik. Orig.: Garden City 1974), Frankfurt am Main 1974.

Frankopan, Peter: Licht aus dem Osten. Eine neue Geschichte der Welt (engl. Orig.: London 2015), Hamburg 2018.

Friedman, Milton: Kapitalismus und Freiheit (amerik. Orig.: Chicago 1962), München u. Zürich 2004.

Gaddis, John Lewis: Der Kalte Krieg. Eine neue Geschichte (amerik. Orig.: New York 2007), München 2008.

Garton Ash, Timothy: Ein Jahrhundert wird abgewählt. Europa im Umbruch 1980-1990. Erweiterte Neuausgabe (amerik. u. engl. Orig.: New York u. Cambridge 1989 u. 1990), München 2019.

Gieseke, Jens: Die Stasi. 1945-1990, München 2011.

Greene, Graham: Der dritte Mann (engl. Orig.: London 1950), Wien 2016.

Greiner, Bernd: Krieg ohne Fronten. Die USA in Vietnam. Durchgesehene Neuausgabe, Hamburg 2009.

Großkopff, Rudolf: Unsere 50er Jahre. Wie wir wurden, was wir sind, Frankfurt am Main 2005.

Hartmann, Wolf D. u. Maennig, Wolfgang u. Wang, Run: Chinas neue Seidenstraße. Kooperation statt Isolation - Der Rollentausch im Welthandel, Frankfurt am Main 2018.

Hayek, Friedrich August von: Der Weg zur Knechtschaft, Erlenbach am Zürichsee 1943.

Hayek, Friedrich August von: Die Verfassung der Freiheit (engl.: Orig.: London 1960), Tübingen 1991.

Herman, Edward S. u. Chomsky, Noam: Manufacturing Consent: The Political Economy of the Mass Media, New York 1988.

Honour, Hugh u. Fleming, John: Weltgeschichte der Kunst (engl. Orig.: London 1982), München 1983.

Huntington, Samuel P.: Kampf der Kulturen. Die Neugestaltung der Weltpolitik im 21. Jahrhundert (amerik. Orig.: New York 1996), München u. Wien 1998.

Judt, Tony: Geschichte Europas von 1945 bis zur Gegenwart (amerik. Orig.: New York 2005), Frankfurt am Main 2009.

Kennedy, Paul: Aufstieg und Fall der großen Mächte. Ökonomischer Wandel und militärischer Konflikt von 1500-2000 (amerik. Orig.: New York 1987), Frankfurt am Mai 2003.

Knightley, Phillip: Die Geschichte der Spionage im 20. Jahrhundert. Aufbau und Organisation, Erfolge und Niederlagen der großen Geheimdienste (engl. Orig.: London 1986), Gütersloh 1986.

Koch, Peter: Konrad Adenauer. Eine politische Biographie, Hamburg 1985.

Lauterbach, Reinhard: Das lange Sterben der Sowjetunion, Berlin 2016.

Le Carré, John: Schatten von gestern (engl. Orig.: London 1961), Berlin 2007.

Le Carré, John: Der Spion, der aus der Kälte kam (engl. Orig.: London 1963), Berlin 2016.

Le Carré, John: Dame, König, As, Spion (engl. Orig.: London 1974), Berlin 2012.

Lindner, Diana: Die Seidenstraße. 2000 Jahre Geschichte und Kultur, Berlin 2016.

Lippmann, Walter: Die öffentliche Meinung (amerik. Orig.: New York 1922), München 1964.

Locke, John: Zwei Abhandlungen über die Regierung (engl. Orig.: London 1690), Frankfurt am Main 1977.

Lüders, Michael: Die scheinheilige Supermacht. Warum wir aus dem Schatten der USA heraustreten müssen, München 2021.

Macrakis, Kristie: Die Stasi-Geheimnisse. Methoden und Technik der DDR-Spionage (amerik. Orig.: New York 2008), München 2015.

Montesquieu, Charles de: Vom Geist der Gesetze (franz. Orig.: Genf 1748), Stuttgart 1965.

Müller-Armack, Alfred: Wirtschaftslenkung und Marktwirtschaft, Hamburg 1947.

Osterhammel, Jürgen: Die Verwandlung der Welt. Eine Geschichte des 19. Jahrhunderts, München 2011.

Osterhammel, Jürgen u. Jansen, Jan: Kolonialismus. Geschichte, Formen, Folgen, München 2017.

Ovid: Daedalus und Icarus, in: Niklas Holzberg (Hrsg.), Publius Ovidius Naso. Metamorphosen. Lateinisch-deutsch. Buch 8, Verse 183-235, Zürich u. Düsseldorf 1996.

Plinius der Ältere, Naturkunde, München u. Zürich 1973-2004.

Ruge, Gerd: Michail Gorbatschow. Biographie, Frankfurt am Main 1990.

Schindelbeck, Dirk u. Ilgen, Volker: „Haste was, biste was!". Werbung für die Soziale Marktwirtschaft, Darmstadt 1999.

Scholl-Latour, Peter: Der Tod im Reisfeld. Dreißig Jahre Krieg in Indochina, Berlin 2016.

Smith, Adam: Der Wohlstand der Nationen: eine Untersuchung seiner Natur und seiner Ursachen (engl. Orig.: London 1776), München 1974.

Snyder, Timothy: Der Weg in die Unfreiheit. Russland, Europa, Amerika (amerik. Orig.: New York 2018), München 2019.

Sontheimer, Kurt: Grundzüge des politischen Systems der neuen Bundesrepublik Deutschland, München 1993.

Speer, Albert: Erinnerungen, Berlin 1969.

Spohr, Kristina: Wendezeit. Die Neuordnung der Welt nach 1989 (engl. Orig.: London 2019), München 2019.

Stöver, Bernd: Der Kalte Krieg 1947-1991. Geschichte eines radikalen Zeitalters, München 2017.

Thukydides: Der Peloponnesische Krieg. Griechisch-deutsch. Übersetzt von Michael Weißenberger. Mit einer Einleitung von Antonios Rengakos, Berlin u. Boston 2017.

Verne, Jules: Von der Erde zum Mond: Direkte Fahrt in siebenundneunzig Stunden und zwanzig Minuten (franz. Orig.: Paris 1865), Zürich 1994.

Verne, Jules: Reise um den Mond (franz. Orig.: Paris 1869), Zürich 2001.

Westad, Odd Arne: Der Kalte Krieg. Eine Weltgeschichte (engl. Orig.: London 2017), Stuttgart 2019.

Wickert, Erwin: China von innen gesehen, Stuttgart 1982.

Will, Wolfgang: Eine Geschichte des Peloponnesischen Krieges, München 2019.

Winkler, Heinrich August: Der lange Weg nach Westen, Bd. 2. Deutsche Geschichte vom „Dritten Reich" bis zur Wiedervereinigung, München 2010.

Bildnachweis

1 Titelbild © pixabay.

2 Führungsspitze des Ministeriums für Staatssicherheit (MfS) der DDR © Hauke Christen.

3 Währungsreform 1948: Rückseite von 10 Pfennig Münzen © Hauke Christen.

4 Grenzaufklärer der DDR-Grenztruppen westlich des Metallgitterzauns © Hauke Christen.

5 Präsident Kennedy beim Besuch von Cape Canaveral © unsplash.

6 Riesenrad im Prater, Wien © unsplash.

7 Was unbedingt zu vermeiden war: die Explosion von Atomwaffen © unsplash.

8 Mausoleum von Ho Chi Minh in Hanoi, Vietnam. Ein Geschenk der Sowjetunion © unsplash.

9 Plakatwerbung von 1961 für Wagenrennen auf dem Nürburgring © unsplash.

10 „I…I´M SORRY" von Roy Lichtenstein, 1966 © unsplash.

11 Marilyn Diptych von Andy Warhol, 1962 © pixabay.

12 Reichstag, Berlin © unsplash.